ANALECTA GORGIANA

Volume 5

General Editor
George Anton Kiraz

Analecta Gorgiana is a collection of long essays and short monographs which are consistently cited by modern scholars but previously difficult to find because of their original appearance in obscure publications. Now conveniently published, these essays are not only vital for our understanding of the history of research and ideas, but are also indispensable tools for the continuation and development of on-going research. Carefully selected by a team of scholars based on their relevance to modern scholarship, these essays can now be fully utilized by scholars and proudly owned by libraries.

Gospel Texts and the Acts of Saint Thomas from Mount Athos

Gospel Texts
and
The Acts of Saint Thomas
from
Mount Athos

KIRSOPP LAKE

GORGIAS PRESS
2006

First Gorgias Press Edition, 2006

The special contents of this edition are copyright © 2006 by
Gorgias Press LLC

All rights reserved under International and Pan-American Copyright
Conventions. Published in the United States of America by
Gorgias Press LLC, New Jersey

This edition is a facsimile reprint of the
original edition titled 'Texts from Mount Athos' published in *Studia Biblica et
Ecclesiastica*, Oxford, 1903, vol. 5.

Analecta Gorgiana pagination appears in square brackets.

ISBN 1-59333-473-7

GORGIAS PRESS
46 Orris Ave., Piscataway, NJ 08854 USA
www.gorgiaspress.com

The paper used in this publication meets the minimum requirements of the
American National Standards.

Printed in the United States of America

TEXTS FROM MOUNT ATHOS.

PREFACE.

THE material which is given and discussed in the following pages is the result of a visit which Mr. G. A. Wathen and myself paid to Mount Athos in the summer of 1899. This visit was undertaken primarily to photograph a MS. of the LXX for the use of the Cambridge editors, and secondarily to inspect and study New Testament and Patristic MSS. For these purposes grants were made by the Trustees of the Revision Surplus Fund at Oxford and of the Hort Fund at Cambridge, to whose liberality I owe a deep debt of gratitude, as I also do to the private generosity of the Regius and Margaret Professors of Theology at Oxford and of Mr. Conybeare.

Our trip was exceedingly enjoyable, and we were able to do a considerable amount of work, thanks to the kindness of His Holiness the Patriarch of Constantinople and of the Κοινότης of the monks, who gave us letters of commendation. We also received great hospitality and help from the governing bodies of the monasteries at which we stayed, especially valuable to us being that of Father Chrysostom of the Laura, who most liberally lent us books of reference from his private library and assisted us on many occasions by his great knowledge of the beautiful MSS. which are under his charge.

We were much impressed by the number and beauty of the MSS. which we saw at the Laura. To find that there are still more than 200 MSS. of the Gospels uncatalogued by Gregory and uncollated, 120 of them being vellum MSS. earlier than the fifteenth century, is a surprise, and this feeling is increased if it be remembered that there is also a similar, though not quite so great a mass of MSS. of patristic literature which we were unable, for lack of time, even to take down from their shelves. It is a pity that the catalogue of the Laura made by Father Chrysostom is not accessible in the West, as though still unfinished it is very accurate and valuable. Lambros' catalogue does not, and probably never will, include the Laura library.

Next to the Laura in importance come the libraries at Ivéron and Pantocrator. Ivéron is especially enriched by a collection of Georgian MSS., some of which we photographed for Mr. Conybeare.

We were much assisted at Ivéron by the kindness of the Cambridge University Press, which had given us the sheets of the then unpublished second volume of the catalogue of Spyr. P. Lambros.

Vatopédi, the next in value, has a large and well-arranged library, but the excessive care which the monks bestow upon it renders it difficult to study adequately the nature of its contents.

We also visited the monasteries of St. Dionysius, St. Gregory, and St. Panteleemon (Russico) and the Russian skete of St. Andrew. All these monasteries have libraries, and the MSS. which we saw are noted and described in the catalogue on p. 170. But none of them approach the Laura collection of MSS. in value, and at St. Dionysius and St. Gregory work is not easy. The Russian monasteries have naturally not the wealth of MSS. possessed by the old Greek foundations, but they are delightfully hospitable and anxious to help the traveller in every possible way, and one of the most pleasant evenings which we enjoyed on the mountain was

Texts from Mount Athos.

spent on the balcony of Russico, chatting with Father Cyprian, and watching the last rays of the sun just catch the top of Olympos nearly 100 miles away.

The following pages contain with introductory remarks:—
 I. Description of codex Ψ.
 II. The text of codex Ψ in St. Mark.
 III. A collation of codex Ψ in St. Luke and St. John and in the Epistle to the Colossians.
 IV. A collation of codex 1071.
 V. Some chapters of a codex of the Acta Pilati.
 VI. A fragment of the Acta Thomae.
 VII. A catalogue and description of the Biblical MSS. which we examined.

It is hoped that the last item (in which the great kindness of Dr. Gregory has enabled me to print the numbers which he intends to use for the new MSS.), especially so far as it refers to the library of the Laura, may be useful to scholars visiting Mount Athos until a final and complete catalogue be issued.

94

I. DESCRIPTION OF CODEX Ψ.

Codex Ψ was first seen by Dr. C. R. Gregory on August 26, 1886, but he was unable to do more than describe it and glance through it. The description and notes which he gives are as follows:—

Ψ: Athous Laurae
saec. VIII vel IX, 21 cm × 15·3 cm, membr, foll. 261, col. 1 (15 cm × 8·7 cm), ll. 31 ; litterarum altitudo ·0175 ; litterae maiores nigrae; atramentum suffuscum; litterae supra lineas; capp-tab; Amm (Mc 233 : 16,8), Eus, lect ; mus in lect eccles, subscriptiones simplices ; fasciculi $\bar{a}$—$\bar{\eta}$ desunt; fasciculus $\overline{\kappa \varsigma}$ habet nonnisi septem folia, sed nihil textus deest; fasciculo ultimo $\overline{\mu a}$ exciderunt folia primum et octavum :

continet *Mc* 9,5 καὶ μωσῆ μίαν—finem *Lc Io* | *Act* | *1.2 Pe Iac 1.2.3 Io Iud Rom*—*Philem Hebr*—8, 11 καὶ οὐ μὴ | folium excidit | *Hebr* 9,19 ὑπὸ μωυσέωσ—subscr Hebr.

Mc 16,8 ἐφοβοῦντο γάρ : ☦
Πάντα δὲ τὰ παρηγγελμένα τοῖσ περὶ τὸν
πέτρον συντόμωσ. ἐξήγγειλαν: Μετὰ
Δὲ ταῦτα. καὶ αὐτὸσ ι̅σ̅ ἐφάνη ἀπὸ ἀνατολῆσ
καὶ μέχρι δύσεωσ ἐξαπέστειλεν δι' αὐτῶν
τὸ ἱερὸν καὶ ἄφθαρτον κήρυγμα τῆσ αἰω
νίου σωτηρίασ ἀμήν:
ἔστιν καὶ ταῦτα φερόμενα
μετὰ τὸ ἐφοβοῦντο γάρ.
'Αναστὰσ δὲ κ. τ. λ. usque ad versum 20
et sub finem εὐαγγέλιον κατὰ μάρκον.

Texts from Mount Athos.

In codice nostro Marci evangelium eodem fere modo finitur qui e codice L notissimus est; id vero interest quod nihil adnotationis ante πάντα δὲ noster interponit, quod antiquiorem sibi vindicare fontem videretur, nisi fortasse vocabula ἐφάνη, μέχρι, ἀμήν seriorem textus conformationem testarentur. Vix est quod dicam ⳨ (τέλοσ) post ἐφοβοῦντο γάρ: lectionis ecclesiasticae neque vero ipsius evangelii finem indicare. Tituli pariter atque subscriptiones librorum prorsus simplices sunt; sub finem tamen evangelii Iohannis additur: εὐαγγελιστῶν τεσσάρων θεῖοι λόγοι γραφέντεσ, ὧδε λῆξιν ἔσχον τῶν πόνων. Lectorem non latebit Iacobum post epistulam Petri alteram stare, neque id casu, nam desinit Act liber fasc. κζ΄, fol. 8 recto, et 1 Petr incipit eodem folio verso. Ioh 7,53—8,11 deest. Act 20,28 legit codex τοῦ κυρίου. 1 Io 5,7.8 deest. 1 Tim 3,16 θεὸσ ἐφανερώθη.

Perlustravi die 26 mensis Augusti anni 1886. Spero fore ut codicem accuratius excutere possim.

Since 1886 it has been seen but not studied by Dr. Rendel Harris in 1892 when he was inspecting the LXX MSS. in the monasteries of Mount Athos, and by a German scholar, whose name I have unfortunately forgotten, who has left a note in the visitors' book at the Laura to the effect that all the MSS. are of the ordinary type except B 52 and a few others which resemble the KΠ family. He has not noted that B 52 is cod. Ψ. Probably the MS. has also been seen by various other visitors, but it does not appear to have been studied.

So far as description goes there is nothing to add to Dr. Gregory's account beyond the fact that Ψ is now numbered 172 (B 52) in the Laura catalogue, and I trust that that scholar will not regard as impertinent an expression of admiration for the general accuracy of his summary descriptions, in cases where he is speaking from his own knowledge.

Probably few would dissent from Dr. Gregory's opinion

that the MS. is of the eighth or ninth century, though perhaps the former date is somewhat the more probable.

Mr. Wathen and myself photographed all that remains of the Gospels, not touching the Acts or Epistles because we understood that Herr Lic. von der Goltz and Dr. Wobbermin had collated these for Dr. von Soden, and had found the text ordinary. Mr. Wathen, in order to be satisfied as to the correctness of this judgement, collated the Epistle to the Colossians.

The collation of these photographs, which are now in the Bodleian Library (MS. Gr. Bibl. f. 2) shows that in the Gospels cod. Ψ presents an interesting and valuable text in Mark, and an ordinary text though with some interesting variants in Luke and John. It has therefore been thought best to treat these two parts separately and to print the text of Mark in full, with an introductory analysis of the important readings it contains, but the text of Luke and John in the form of a collation with the Textus Receptus. Mr. Wathen's collation of the Epistle to the Colossians is also printed in the latter way.

II. TEXT OF COD. Ψ IN ST. MARK.

IN attempting to analyse the text of a MS. of the gospel the critic is met at the outset with some difficulty in choosing a standard of comparison.

In many ways the best standard is the Textus Receptus as it represents a late and popular text, deviation from, and not agreement with which is important. But owing to the peculiarly mixed character of this text its use is sometimes misleading, and it is therefore advisable to use a purer text which is 'truer to type,' and less mixed in character. This is especially the case when the MS. which has to be analysed appears to possess a good and early text.

I propose therefore in the following pages to use the text of Westcott and Hort as a standard of comparison, because whether it be the true text or not it certainly is constructed on such principles as to present a uniform type throughout, and I shall also give a short list of readings compared with the Textus Receptus, the importance of which would otherwise be obscured by the method adopted. I propose to draw a distinction which is arbitrary but convenient between readings found in the Textus Receptus and those which are not, because a reading which is found in the Textus Receptus, even though there be early authority for it, may have come into the text of any given MS. at a late period owing to the wide prevalence of that form of text.

The classification, then, will be as follows:—

1. Readings where cod. Ψ agrees with the Textus Receptus.
2. Readings where cod. Ψ has a text for which the oldest

authority seems to be either D or the Old Latin version and which is not in the Textus Receptus or in the Old Syriac.

3. Readings shared with the Old Syriac against D, the Old Latin, and the Textus Receptus.
4. Readings found in both the Old Latin and Old Syriac but not in the Textus Receptus.
5. Readings found in a small group of Uncials of which LΔ are the most prominent members.
6. Readings in which cod. Ψ supports WH in following a small group of Greek MSS. including B.
7. Peculiar readings.

The authorities which are quoted for the readings mentioned are for the most part taken from Tischendorf's critical edition, but they have been added to in places from Mrs. Lewis' translation of the Sinaitic palimpsest[1] and a few other editions of MSS. which were not accessible to Tischendorf. It should also be noticed that Gregory's notation of minuscules has been adopted throughout, and that therefore the following MSS. appear under a different symbol to that employed by Tischendorf.

$472 = c^{scr}$ $482 = p^{scr}$
$475 = f^{scr}$ $565 = 2^{po}$ (WH's 81)
$477 = i^{scr}$ 84 evgst $= y^{scr}$
$478 = k^{scr}$

1. *Readings in cod.* Ψ *agreeing with the Textus Receptus, merely orthographical variants being neglected.*

Marc IX 7 post νεφέλης add. λέγουσα c. ADL(Δ) 1 13–69–124–346 28 33 al.; lat-vet &c. **18** ἄν pro ἐάν c. CDLN &c. **23** δύνασαι πιστεῦσαι c. ADN al. pl.; a b c f i al. syrr (pesh-hl) **24** ante εὐθὺς add. καὶ c. ADN &c. **29** post προσευχῇ add. καὶ νηστείᾳ c. ℵ^{cb}

---

[1] I am deeply indebted to Mr. W. C. Allen for very kindly revising my references to this authority.

Texts from Mount Athos.

ACDL *al. omn. exc.* ℵ*et ca B; k   30 παρεπορεύοντο c. codd *omn. exc.* B*D   42 *post* πιστευόντων *add.* εἰς ἐμέ c. BLN *&c.*

X 6 *post* αὐτοὺς *add.* ὁ Θεός c. ADN *al. pler.*; latt syrr   **21** σοι *pro* σε c. DN *al. pler.*; Clem   **25** εἰσελθεῖν *pro* διελθεῖν c. ℵAΝΔ *al. pler.*; latt   **34** *post* ἀποκτενοῦσιν *add.* αὐτόν c. ACN; lat-vet boh pesh; Orig   **35** δύο c. ℵDL *&c.*   **35** αὐτῷ *posterius om.* c. AN *al. pler.*; b i k c f q   **40** *post* εὐωνύμων *add.* μου c. min *pauc.*; syrr (sin-pesh) aeth

XI 3 *post* εἴπατε *add.* ὅτι c. ℵCDL *&c.*   **15** *ante* ἀγοράζοντας *add.* τοὺς c. DΔ *al. pl.*; Orig^bis   **23** *post* αὐτῷ *add.* ὃ ἐὰν εἴπῃ c. AN *al. pler.*; a k q   **30** *ante* Ἰωάννου *om.* τὸ c. NΓΠX *&c.*

XII 9 *post* τί *add.* οὖν c. ℵCDΔ *&c.*   **37** υἱὸς *ante* αὐτοῦ c. ℵAX *&c.*

XIII 31 οὐ μὴ παρέλθωσιν c. ACDΔ *&c.*   **32** *post* ἄγγελοι *add.* οἱ c. ACΔ *&c.*

XIV 9 *post* εὐαγγέλιον *add.* τοῦτο c. ACΔ *al. pl.*; l q sah boh pesh   **21** ἦν *post* καλὸν c. ℵACD *&c.*   **22** *post* λαβὼν *add.* ὁ Ἰησοῦς c. ℵ et ᶜ LΔ *&c.*   **30** μὲ *post* ἀπαρνήσῃ c. ANX *&c.*   **38** εἰσέλθητε c. ℵᶜCLΔ *&c.*   **44** ἀπαγάγετε c. ACNΔ *&c.*   **53** *post* συνέρχονται *add.* αὐτῷ c. BN *&c.*   **60** *ante* μέσον *add.* τὸ c. DM *al. mu.*; boh   **71** ὀμνύειν *pro* ὀμνύναι c. ℵCΔ *&c.*   **72** *om.* εὐθὺς c. ACΔ *al. pler.*; sah boh syr-sin.

XV 6 ὅνπερ ᾐτοῦντο c. ℵᶜCN *&c.*   **8** ἀναβοήσας   **12** εἶπεν *pro* ἔλεγεν c. ADN *&c.*   **23** ὁ *pro* ὅς c. ACLΔ *&c.*   **40** ἦν *post* αἷς c. ACDΔ *&c.*   **45** σῶμα *pro* πτῶμα c. ACΔ latt   **46** μνημείῳ *pro* μνήματι c. ACDLΔ *&c.*

XVI 17 παρακολουθήσει c. AD^suppl Δ *&c.*   **20** *add.* ἀμήν c. CLΔ *&c.*

It is only necessary to make two observations on this list. (α) Very nearly all these readings are attested by authorities of such age and character as to show that they were in use at a very early period. (β) They are wonderfully few in reality, as the Textus Receptus differs in about 480 places from the text of WH. in these chapters, and therefore one would on *a priori* principles have been inclined to expect more than forty-two such readings in a MS. which belongs to so comparatively late a period as the eighth century.

100   *Studia Biblica et Ecclesiastica.*

2. *Readings found in either* D *or the Old Latin, but not in Textus Receptus, or in the Old Syriac* [1].

IX 12 πρῶτος *pro* πρῶτον c. D^{gr} ℵ^c Δ^{gr} N, 482 1071   **30** ἤθελον *pro* ἤθελεν c. a b k   **49** ἀναλωθήσεται *pro* ἁλὶ ἁλισθήσεται *cf.* k omnia autem substantia consumitur

X 5 *ante* τὴν ἐντολὴν *add.* Μωυσῆς c. D; k c f g₂; Clem   **24** τεκνία *pro* τέκνα c. AN, 1-118-209 700 *al. pauc.*; a b ff₂ f

XI 14 φάγῃ *pro* φάγοι c. DV, 1 13-69-346 *al. pauc.*; Orig^{bis}   **17** ὅτι *om.* c. DC, 69 472 478; a k i q ff₂, arm-codd, aeth   **21** ἐξηράνθη c. DLΔN, 1-118-209 33 700 *al. pauc.* Orig

XII 33 περισσότερα *pro* περισσότερον *cf.* k meliora (*nec aliunde repert. forma pluralis*)

XIII 14 ἑστηκὸς *pro* ἑστηκότα c. D, 28   **20** ὁ θεός *hoc loco pro* κύριος c. c k ff₂; Promiss

XIV 7 ποιεῖν *pro* ποιῆσαι D*Δ, *al. pauc.*   **20** λέγει *pro* εἶπεν c. D, 565 700; k   **36** τοῦτο *ante* τὸ ποτήριον c. DN, 1-118-209; a q; Hil   **65** προφήτευσον ἡμῖν c. F^w; k c f

XV 29 οὐὰ *om.* c. ℵ^{ca} LΔ^{gr}; d k

XVI 3 ἀπὸ *pro* ἐκ c. DC, *al. pauc.*;   Eus-dem Serv-Ant **9** πάντα δὲ κ. τ. λ. c. L7¹²p, 274^{mg}; k, syr-hl-mg boh-cod aeth-codd

3. *Readings found in the Old Syriac but not in the best Uncials, the Old Latin,* D, *or the Textus Receptus. Those readings which are found in a few secondary Greek MSS. as well as the Old Syriac are included in this list.*

X 39 λέγουσιν *pro* εἶπον c. syr-sin   **40** *post* εὐωνύμων *add.* μου c. min *pauc.*; syrr (sin-pesh) aeth   **47** Ἰησοῦ *om.* c. L, *al. pauc.*; i mt syr-sin; Clem Orig

XI 27 προσῆλθον αὐτῷ *pro* ἔρχονται πρὸς αὐτὸν c. syr-sin

XII 1 *post* περιέθηκεν *add.* αὐτῷ c. C²N, 28 565 syrr (sin-hl c *obel.*) sah arm; Orig

XIII 11 προσμελετᾶτε *pro* προμεριμνᾶτε c. syr-sin *sed* syr-sin μελετᾶτε *potius quam* προσμελετᾶτε *transferre videtur*

XV 26 γεγραμμένη *pro* ἐπιγεγραμμένη c. syr-sin

---

[1] It is of course impossible to be quite certain in the case of small variants, especially those which bear on a question of order, whether a reading is in the Old Syriac or not.

Texts from Mount Athos.

4. *Readings found in both the Old Latin (or D) and the Old Syriac, but not in the Textus Receptus.*

XI 6 *post* εἶπεν *add.* αὐτοῖς c. DMΦ, 1–118–209 13–69–124 565 700 *al. pauc.*; syrr (sin-pesh) latt sah boh

XII 18 πρὸς αὐτὸν Σαδδουκαῖοι *hoc ordine* c. D, 28 106; b i l q ff$_2$ g$_1$ g$_2$ syr-sin   **37** πῶς *pro* πόθεν c. ℵ*M* 1–118–209 33 13–69–346–543 28 565 *al. pauc.*; b sah syr-sin

XIV 41 ἀπέχει *om.* c. k syr-sin (*sed* k *add.* 'et post pusillum excitavit illos et dixit iam ora &c.' *et* syr-sin *add.* 'The hour is come, the end is at hand.'   **52** ἔφυγε γυμνός *hoc ordine* c. LΔ, 184 evgst; k d c sah boh.? syrr (sin-pesh) aeth *sed* sin 'Fled from them naked.'   **54** ἠκολούθει *pro* ἠκολούθησεν c. G, 1–118–209 13–69–124–346–543 565 700 k c q sah boh syrr (sin-pesh)   **66** κάτω *om.* c. DI, 69 472 565 *al. pauc.*; a c ff$_2$ q syr-sin (*codex deficit sed e spatio non habuisse* κάτω *videtur*) sah boh; Eus-dem

XV 3 *add.* αὐτὸς δὲ οὐδὲν ἀπεκρίνατο c. ΔNU 13–69–124–346–543 33 131 *al. pauc.* ; a c syrr (sin-hl) arm sah-ming aeth ; Orig

5. *Readings found in a small group of MSS. of which* LΔ *(the latter being of this type only in St. Mark) are the most consistently present followed by* ℵ* ℵ° C 33 boh.

IX 21 ἐξ οὗ *pro* ὡς c. ℵ°C*LΔ, 33 61^{mg} 565   **43** εἰς τὸ πῦρ τὸ ἄσβεστον *om.* c. ℵ^{ca}LΔ, 240 244 255 700; pesh pers

X 24 εἶπεν *pro* λέγει c. Δ, 565 1071   **27** πάντα γὰρ δυνατὰ παρὰ τῷ θεῷ *om.* c. Δ, 1–209 69 157 al^{10}; l arm-zoh; Clem

XI 18 ἤκουον *pro* ἤκουσαν c. Δ   ἐξεπλήσσοντο c. ℵMΔ 299 al^6; c vg boh   **29** κἀγὼ ὑμῖν ἐρῶ c. LΔ (ℵ°) 38; boh

XII 31 ἡ δευτέρα c. Δ   **34** εἰ *post* βασιλείας c. ℵ^{ca}Δ

XIII 4 ταῦτα μέλλῃ *hoc ordine* c. L   **32** οὔτε *pro* οὐδὲ c. L

XIV 27 διασκορπισθήσονται τὰ πρόβατα c. AΔ   **34** λέγειν *pro* λέγει c. ΔEGH   **44** ὃν ἐὰν c. LΔN   **54** *ante* μακρ. *om.* ἀπό c. LΔ   **60** ὅ τι *pro* τί c. L

XV 18 αὐτὸν ἀσπάζεσθαι c. Δ

A reading which I am inclined to suspect may belong to the same family as that indicated by this group of MSS. but which lacks the necessary evidence to prove the point is:—

XI 1 καὶ Βηθανίαν *om.* c. 184 evgst; sah

102 Studia Biblica et Ecclesiastica.

6. *Readings where* WH.'*s text is based on a small group of uncials* (*not exceeding three in number*) *which is now increased by cod.* Ψ.

IX 9 ἐκ *pro* ἀπὸ c. BD, 33 475 477   **38** ἔφη *pro* ἀπεκρίθη δὲ c. ℵBΔ; boh pesh   **47** σέ ἐστιν ... σοί ἐστιν *pro* c. ℵB

X 7 καὶ προσκολλ. πρὸς τ. γυν. *om.* c. ℵB syr-sin 48 evgst go   **29** ἔφη *pro* ἀποκρ. εἶπεν c. ℵBΔ boh   **47** Ναζαρηνὸς *pro* Ναζωραῖος c. BLΔ, 1–118–209; latt; Orig

XII 33 τῆς *om.* 1° c. BUX *al. pauc.*

XIII 2 ἀποκριθεὶς *om.* c. ℵBL, 33 *al. pauc.*; e sah-boh-syrr (sin-pesh)   **6** πολλοί *sine* γὰρ c. ℵBL; aeth   **8** ἔσονται λιμοί *sine* καὶ c. ℵ^cBL, 28; boh syr-sin   **9** γὰρ *om.* c. BL boh arm aeth   **15** καταβάτω *sine addit.* c. ℵBL; c k boh sah pesh

XIV 8 αὕτη *om.* c. ℵBL 1–209* 13–69–346 28 565; a l boh bhl   **35** ἔπιπτεν c. ℵBL boh   **47** ὠτάριον c. ℵBD, 1–118–209; hl-mg   **68** καὶ ἀλέκτωρ ἐφώνησεν *om.*[1] c. ℵBL, 17 evgst; c boh syr-sin

XV 14 ἐποίησεν κακόν c. BCΔ, 565 49 evgst al²   **24** σταυροῦσιν c. BL; c d ff₂ k l vg syrr sah aeth go

The following reading in cod. Ψ is not found in any MS. but is placed in the margin of WH. *e coniectura*.

XIV 49 ἐκρατεῖτε *cf.* B εκρατει.

7. *Besides these elements there are a few readings in cod.* Ψ *which are apparently not found elsewhere. The list of those which are not obviously accidental blunders is as follows :—*

IX 20 καὶ ἰδὼν αὐτὸν τὸ πνεῦμα *om.*   **28** κατ' ἰδίαν *ante* εἰς οἶκον   **31** ἀνόμων *pro* ἀνθρώπων   **34** ἐσιώπησαν *pro* ἐσιώπων   **37** παιδίων τῶν τοιούτων *hoc ordine*   **41** ἄν *om.*

X 17 τί ποιήσας *pro* τί ποιήσω ἵνα   **29** ἔφη αὐτοῖς *pro* ἔφη ὁ Ἰησοῦς   **39** Ἰησοῦς *om.*

XI 9 ἔλεγον *pro* ἔκραζον   **28** λέγοντες *pro* καὶ λέγουσιν

XII 6 *ante* ἀπέστειλεν *add.* καί   **37** *add.* ἐν πνεύματι   **38** *ante* ἀσπασμοὺς *add.* ζητούντων   **44** *ante* ὅλον *add.* καί

XIII 1 καὶ ἐκπορευομένων αὐτῶν ἀπὸ *pro* ἐκπορευομένου αὐτοῦ ἐκ διδάσκαλε *om.*

---

[1] i. e. Ψ agrees in the details of the Denial of St. Peter with B; boh syr-sin.

XIV 1 ἦν δὲ τὰ ἄζυμα καὶ τὸ πάσχα   **12** σοι *pro* ἵνα φάγῃς
27 *ante* πατάξω *add.* ὅτι   **47** ἀρχιερέως Καιάφα   **56** κατὰ τοῦ Ἰησοῦ *pro* κατ' αὐτοῦ   **61** εὐλογημένου *pro* εὐλογητοῦ
XV 2 *ante* ἀποκριθεὶς *om.* ὁ δὲ   **41** αὐτῷ 1° *om.*

Some of these look like genuine variants, others are clearly due to palaeographical causes. Obvious instances of purely transcriptional corruption which can be explained on palaeographical grounds are the following:—

IX 31 ἀνόμων due to a misreading of ἀν̄ων̄, the almost invariable way of writing ἀνθρώπων.

X 29 ἔφη αὐτοῖς which, curiously enough, is explained by another unsupported reading found only in ℵ, ἔφη αὐτῷ ὁ Ἰησοῦς, which if written in the usual manner would be ἔφη αὐτῷ ὁ ῑς

XIV 47 Καιάφα which seems to be due to the combined effect of a knowledge of the high priest's name and the recurrence of the same letters in the next words—καὶ ἀφεῖλεν.

It is also probable that the omission in **IX 20** is due to the scribe's eye skipping over a complete line, the lines being arranged thus:—

ΗΝΕΓΚΑΝ ΑΥΤΟΝ ΠΡΟC ΑΥΤΟΝ
ΚΑΙ ΙΔΩΝ ΑΥΤΟΝ ΤΟ ΠΝ̄Α
ΕΥΘΥC CΥΝΕCΠΑΡΑΞΕΝ ΑΥΤΟΝ

If this be so it probably also explains the reading in **IX 28**, where the lines would be arranged thus:—

ΚΑΙ ΕΙCΕΛΘΟΝΤΟC ΑΥΤΟΥ
ΕΙC ΟΙΚΟΝ ΟΙ ΜΑΘΗΤΑΙ ΑΥΤΟΥ
ΚΑΤ ΙΔΙΑΝ ΕΠΗΡΩΤΩΝ ΑΥΤΟΝ

Here the scribe would seem to have been affected by the recurring αυτου and to have mixed up the lines. Other places in which this explanation may possibly be right are **X 23** and **XIV 56**. In the former case the arrangement of lines would be:—

ΕΙC ΤΗΝ βαcιλειαν του θ̄ῡ
ειcελευcονται οι δε

but that this is the explanation is rendered much less likely by the fact that Clement of Alexandria has got the passage with the same transposition as cod. Ψ.

In the latter case κατὰ τοῦ 'Ιησοῦ takes the place of κατ' αὐτοῦ. Perhaps this is merely an accident, but if the length of line suggested be right, the arrangement of the archetype would have been something like :—

>   κατα του ιῡ μαρτυριαν
>   εις το θανατωσαι αυτον
>   και ουχ ηυρισκον πολ
>   λοι γαρ εψευδομαρτυρουν
>   κατα αυτου και ισαι αι

and it is possible that the scribe's eye confused the first and last κατα.

Of course none of these four cases of suggested *line-error* are certain, but their evidence is cumulative, and is made much stronger if one remembers that these are the only cases in cod. Ψ of serious omissions or transpositions which have no support in other MSS., that such mistakes are generally due to *line-error*, and that they can all without undue manipulation be explained with varying degrees of probability as due to *line-errors* made by a scribe who was using an archetype in which the average length of line was about nineteen to twenty-two letters.

There is therefore at least a presumption in favour of the theory that cod. Ψ is copied from a MS. which contained nineteen to twenty-two letters in each line.

ΚΑΤΑ ΜΑΡΚΟΝ.

IX 6 ... καὶ Μωσῆ μίαν καὶ Ἡλία μίαν. οὐ γὰρ ᾔδει τί ἀποκριθῇ,
7 ἔκφοβοι γὰρ ἐγένοντο. καὶ ἐγένετο νεφέλη ἐπισκιάζουσα αὐτοῖς,
καὶ ἐγένετο φωνὴ ἐκ τῆς νεφέλης λέγουσα Οὗτός ἐστιν ὁ υἱός μου
8 ὁ ἀγαπητός, ἀκούετε αὐτοῦ. καὶ ἐξάπινα περιβλεψάμενοι οὐκέτι
9 οὐδένα ἴδον εἰ μὴ τὸν Ἰησοῦν μόνον μεθ' ἑαυτῶν. Καὶ καταβαινόντων αὐτῶν ἐκ τοῦ ὄρους διεστείλατο αὐτοῖς ἵνα μηδενὶ ἃ ἴδον διηγήσωνται, εἰ μὴ ὅταν ὁ υἱὸς τοῦ ἀνθρώπου ἐκ νεκρῶν ἀναστῇ.
10 καὶ τὸν λόγον ἐκράτησαν πρὸς ἑαυτοὺς συζητοῦντες τί ἐστιν τὸ $\frac{πη}{ι}$
11 ἐκ νεκρῶν ἀναστῆναι. καὶ ἐπηρώτων αὐτὸν λέγοντες Ὅτι $\frac{πθ}{ς}$
12 λέγουσιν οἱ γραμματεῖς ὅτι Ἡλίαν δεῖ ἐλθεῖν πρῶτον; ὁ δὲ ἔφη αὐτοῖς Ἡλίας ἐλθὼν πρῶτος ἀποκατιστάνει πάντα, καὶ πῶς γέγραπται ἐπὶ τὸν υἱὸν τοῦ ἀνθρώπου ἵνα πολλὰ πάθῃ καὶ
13 ἐξουδενηθῇ; ἀλλὰ λέγω ὑμῖν ὅτι καὶ Ἡλίας ἐλήλυθεν, καὶ ἐποίησαν ἐν αὐτῷ πάντα ὅσα ἤθελον, καθὼς γέγραπται ἐπ' αὐτόν.
14 Καὶ ἐλθόντες πρὸς τοὺς μαθητὰς ἴδον ὄχλον πολὺν περὶ αὐτοὺς $\frac{4}{ς}$
15 καὶ γραμματεῖς συζητοῦντας πρὸς αὐτόν. καὶ εὐθὺς πᾶς ὁ ὄχλος ἰδόντες αὐτὸν ἐξεθαμβήθησαν, καὶ προστρέχοντες ἠσπάζοντο αὐτόν.
16 καὶ ἐπηρώτησεν αὐτούς Τί συζητεῖτε πρὸς αὑτούς; καὶ ἀπεκρίθη
17 αὐτῷ εἷς ἐκ τοῦ ὄχλου Διδάσκαλε, ἤνεγκα τὸν υἱόν μου πρὸς σέ, $\frac{4α}{β}$
18 ἔχοντα πνεῦμα ἄλαλον· καὶ ὅπου ἂν αὐτὸν καταλάβῃ ῥήσσει αὐτόν, καὶ ἀφρίζει καὶ τρίζει τοὺς ὀδόντας καὶ ξηραίνεται· καὶ εἶπα
19 τοῖς μαθηταῖς σου ἵνα αὐτὸν ἐκβάλωσιν, καὶ οὐκ ἴσχυσαν. ὁ δὲ ἀποκριθεὶς αὐτοῖς λέγει Ὦ γενεὰ ἄπιστος, ἕως πότε πρὸς ὑμᾶς
20 ἔσομαι; ἕως πότε ἀνέξομαι ὑμῶν; φέρετε αὐτὸν πρός με. καὶ ἤνεγκαν αὐτὸν πρὸς αὐτόν. εὐθὺς οὖν ἔσπαραξεν αὐτόν, καὶ πεσὼν
21 ἐπὶ τῆς γῆς ἐκυλίετο ἀφρίζων. καὶ ἐπηρώτησεν τὸν πατέρα

At the top of f. 1ᵛ $\overline{κ}$ $\overline{Δ}$ τῶν νηστειῶν and $\overline{αρ}$ is put in the margin opposite διδάσκαλε, v. 17, and $\overline{τ}$ is put in the text, but above the line, after ἀναστήσεται, v. 31.

αὐτοῦ, Πόσος χρόνος ἐστὶν ἐξ οὗ τοῦτο γέγονεν αὐτῷ; ὁ δὲ εἶπεν 22
Ἐκ παιδιόθεν· καὶ πολλάκις καὶ εἰς πῦρ αὐτὸν ἔβαλεν καὶ εἰς ὕδατα
ἵνα ἀπολέσῃ αὐτόν· ἀλλ' εἴ τι δύνῃ, βοήθησον ἡμῖν σπλαγχνισθεὶς
ἐφ' ἡμᾶς. ὁ δὲ Ἰησοῦς εἶπεν αὐτῷ Τό εἰ δύνασαι πιστεῦσαι, 23
πάντα δυνατὰ τῷ πιστεύοντι. καὶ εὐθὺς κράξας ὁ πατὴρ τοῦ 24
παιδίου ἔλεγεν Πιστεύω· βοήθησόν μου τῇ ἀπιστίᾳ. ἰδὼν δὲ ὁ 25
Ἰησοῦς ὅτι ἐπισυντρέχει ὁ ὄχλος ἐπετίμησεν τῷ πνεύματι τῷ
ἀκαθάρτῳ λέγων αὐτῷ Τὸ ἄλαλον καὶ κωφὸν πνεῦμα, ἐγὼ
ἐπιτάσσω σοι, ἔξελθε ἐξ αὐτοῦ καὶ μηκέτι εἰσέλθῃς εἰς αὐτόν.
καὶ κράξας καὶ πολλὰ σπαράξας ἐξῆλθεν· καὶ ἐγένετο ὡσεὶ νεκρὸς 26
ὥστε τοὺς πολλοὺς λέγειν ὅτι ἀπέθανεν. ὁ δὲ Ἰησοῦς κρατήσας 27

<u>48</u>
β τῆς χειρὸς αὐτοῦ ἤγειρεν αὐτόν, καὶ ἀνέστη. καὶ εἰσελθόντος 28
αὐτοῦ κατ' ἰδίαν εἰς οἶκον οἱ μαθηταὶ αὐτοῦ ἐπηρώτων αὐτόν Ὅτι
ἡμεῖς οὐκ ἠδυνήθημεν ἐκβαλεῖν αὐτό; καὶ εἶπεν αὐτοῖς Τοῦτο 29
τὸ γένος ἐν οὐδενὶ δύναται ἐξελθεῖν εἰ μὴ ἐν προσευχῇ καὶ
νηστείᾳ.

<u>47</u>
β Κἀκεῖθεν ἐξελθόντες παρεπορεύοντο διὰ τῆς Γαλιλαίας, καὶ οὐκ 30
ἤθελον ἵνα τις γνῷ· ἐδίδασκεν γὰρ τοὺς μαθητὰς αὐτοῦ καὶ 31
ἔλεγεν αὐτοῖς ὅτι Ὁ υἱὸς τοῦ ἀνθρώπου παραδίδοται εἰς χεῖρας
ἀνόμων, καὶ ἀποκτενοῦσιν αὐτόν, καὶ ἀποκτανθεὶς μετὰ τρεῖς
ἡμέρας ἀναστήσεται. οἱ δὲ ἠγνόουν τὸ ῥῆμα, καὶ ἐφοβοῦντο αὐτὸν 32
ἐπερωτῆσαι.

<u>48</u>
ι
<u>4ε</u> Καὶ ἦλθεν εἰς Καφαρναούμ. Καὶ ἐν τῇ οἰκίᾳ γενάμενος ἐπηρώτα 33
β αὐτούς Τί ἐν τῇ ὁδῷ διελογίζεσθε; οἱ δὲ ἐσιώπησαν, πρὸς 34
ἀλλήλους γὰρ διελέχθησαν ἐν τῇ ὁδῷ τίς μείζων. καὶ καθίσας 35
ἐφώνησεν τοὺς δώδεκα καὶ λέγει αὐτοῖς Εἴ τις θέλει πρῶτος
εἶναι ἔσται πάντων ἔσχατος καὶ πάντων διάκονος. καὶ λαβὼν 36
παιδίον ἔστησεν αὐτὸ ἐν μέσῳ αὐτῶν καὶ ἐναγκαλισάμενος αὐτὸ
εἶπεν αὐτοῖς Ὃς ἂν ἓν τῶν παιδίων τῶν τοιούτων δέξηται ἐπὶ 37

<u>45</u>
α τῷ ὀνόματί μου, ἐμὲ δέχεται· καὶ ὃς ἂν ἐμὲ δέχηται, οὐκ ἐμὲ
<u>45</u> δέχεται ἀλλὰ τὸν ἀποστείλαντά με. Ἔφη αὐτῷ ὁ 38
η Ἰωάννης Διδάσκαλε, ἴδαμέν τινα ἐν τῷ ὀνόματί σου δαιμόνια
ἐκβάλλοντα, καὶ ἐκωλύομεν αὐτόν, ὅτι οὐκ ἀκολουθεῖ ἡμῖν. ὁ δὲ 39
Ἰησοῦς εἶπεν Μὴ κωλύετε αὐτόν, οὐδεὶς γὰρ ἔστιν ἐπὶ τῷ

---

31. ἀνόμων] The writing seems rather fainter, and perhaps the word was partially sponged out. It is impossible to be certain from the photograph.

ὀνόματί μου ὃς οὐ ποιήσει δύναμιν καὶ δυνήσεται ταχὺ κακολογῆσαί
40 με· ὃς γὰρ οὐκ ἔστιν καθ' ἡμῶν, ὑπὲρ ἡμῶν ἐστίν. Ὃς γὰρ $\frac{μη}{ς}$
41 ποτίσει ὑμᾶς ποτήριον ὕδατος ἐν ὀνόματι ὅτι Χριστοῦ ἐστέ, ἀμὴν
42 λέγω ὑμῖν ὅτι οὐ μὴ ἀπολέσῃ τὸν μισθὸν αὐτοῦ. Καὶ ὃς ἂν $\frac{μθ}{β}$
σκανδαλίσῃ ἕνα τῶν μικρῶν τῶν πιστευόντων εἰς ἐμὲ καλόν
ἐστιν αὐτῷ μᾶλλον εἰ περίκειται μύλος ὀνικὸς περὶ τὸν τράχηλον
43 αὐτοῦ καὶ βέβληται εἰς τὴν θάλασσαν. Καὶ ἐὰν σκανδαλίσῃ σε ἡ $\frac{ρ}{ς}$
χείρ σου, ἀπόκοψον αὐτήν· καλόν ἐστίν σε κυλλὸν εἰσελθεῖν εἰς
45 τὴν ζωὴν ἢ δύο χεῖρας ἔχοντα ἀπελθεῖν εἰς τὴν γέενναν. καὶ
ἐὰν ὁ πούς σου σκανδαλίζῃ σε, ἀπόκοψον αὐτόν· καλόν ἐστίν σε
εἰσελθεῖν εἰς τὴν ζωὴν χωλὸν ἢ τοὺς δύο πόδας ἔχοντα βληθῆναι
47 εἰς τὴν γέενναν. καὶ ἐὰν ὁ ὀφθαλμός σου σκανδαλίζῃ σε, ἔκβαλε
αὐτόν· καλόν σέ ἐστιν μονόφθαλμον εἰσελθεῖν εἰς τὴν βασιλείαν
48 τοῦ θεοῦ ἢ δύο ὀφθαλμοὺς ἔχοντα βληθῆναι εἰς γέενναν, ὅπου ὁ $\frac{ρα}{ι}$
49 σκώληξ αὐτῶν οὐ τελευτᾷ καὶ τὸ πῦρ αὐτῶν οὐ σβέννυται· πᾶς
50 γὰρ πυρὶ ἁλισθήσεται καὶ πᾶσα θυσία ἀναλωθήσεται. Καλὸν τὸ $\frac{ρβ}{β}$
ἅλας· ἐὰν δὲ τὸ ἅλας ἄναλον γένηται, ἐν τίνι αὐτὸ ἀρτύσετε;
ἔχετε ἐν ἑαυτοῖς ἅλα, καὶ εἰρηνεύετε ἐν ἀλλήλοις.

X   Καὶ ἐκεῖθεν ἀναστὰς ἔρχεται εἰς τὰ ὅρια τῆς Ἰουδαίας καὶ πέραν $\frac{ργ}{ς}$
τοῦ Ἰορδάνου, καὶ συμπορεύονται πάλιν ὄχλοι πρὸς αὐτόν, καὶ ὡς
2 εἰώθει πάλιν ἐδίδασκεν αὐτούς. Καὶ προσελθόντες Φαρισαῖοι
ἐπηρώτων αὐτὸν εἰ ἔξεστιν ἀνδρὶ γυναῖκα ἀπολῦσαι, πειράζοντες
3 αὐτόν. ὁ δὲ ἀποκριθεὶς εἶπεν αὐτοῖς Τί ὑμῖν ἐνετείλατο Μωυσῆς;
4 οἱ δὲ εἶπον Ἐπέτρεψεν Μωυσῆς βιβλίον ἀποστασίου γράψαι καὶ
5 ἀπολῦσαι. ὁ δὲ Ἰησοῦς εἶπεν αὐτοῖς Πρὸς τὴν σκληροκαρδίαν
6 ὑμῶν ἔγραψεν ὑμῖν Μωυσῆς τὴν ἐντολὴν ταύτην· ἀπὸ δὲ ἀρχῆς
7 κτίσεως ἄρσεν καὶ θῆλυ ἐποίησεν αὐτοὺς ὁ θεός· ἕνεκεν τούτου
8 καταλείψει ἄνθρωπος τὸν πατέρα αὐτοῦ καὶ τὴν μητέρα, καὶ
9 ἔσονται οἱ δύο εἰς σάρκα μίαν· ὥστε οὐκέτι εἰσὶν δύο ἀλλὰ μία
10 σάρξ· ὃ οὖν ὁ θεὸς συνέζευξεν ἄνθρωπος μὴ χωριζέτω. Καὶ εἰς $\frac{ρδ}{θ}$
11 τὴν οἰκίαν πάλιν οἱ μαθηταὶ περὶ τούτου ἐπηρώτων αὐτόν. καὶ $\frac{ρε}{β}$
λέγει αὐτοῖς Ὃς ἂν ἀπολύσῃ τὴν γυναῖκα αὐτοῦ καὶ γαμήσῃ
12 ἄλλην μοιχᾶται, ἢ ταύτην καὶ ἐν αὐτῇ ἀπολύσασα τὸν ἄνδρα αὐτῆς
γαμήσῃ ἄλλον μοιχᾶται.

$\frac{ρα}{ι}$ in most MSS. is given to v. 44.

ρϛ̅ Καὶ προσέφερον αὐτῷ παιδία ἵνα αὐτῶν ἅψηται· οἱ δὲ μαθηταὶ 13
β ἐπετίμησαν αὐτοῖς. ἰδὼν δὲ ὁ Ἰησοῦς ἠγανάκτησεν καὶ εἶπεν 14
αὐτοῖς Ἄφετε τὰ παιδία ἔρχεσθαι πρός με, μὴ κωλύετε αὐτά,
τῶν γὰρ τοιούτων ἐστὶν ἡ βασιλεία τοῦ θεοῦ. ἀμὴν λέγω ὑμῖν, 15
ὃς ἂν μὴ δέξηται τὴν βασιλείαν τοῦ θεοῦ ὡς παιδίον, οὐ μὴ
εἰσέλθῃ εἰς αὐτήν. καὶ ἐναγκαλισάμενος αὐτὰ κατηυλόγει τιθεὶς 16
τὰς χεῖρας ἐπ' αὐτά.

ρϛ̅ Καὶ ἐκπορευομένου αὐτοῦ εἰς ὁδὸν προσδραμὼν εἷς καὶ γονυπε- 17
β τήσας αὐτὸν ἐπηρώτα αὐτόν Διδάσκαλε ἀγαθέ, τί ποιήσας ζωὴν
αἰώνιον κληρονομήσω; ὁ δὲ Ἰησοῦς εἶπεν αὐτῷ Τί με λέγεις 18
ἀγαθόν; οὐδεὶς ἀγαθὸς εἰ μὴ εἷς ὁ θεός. τὰς ἐντολὰς οἶδας Μὴ 19
φονεύσῃς, Μὴ μοιχεύσῃς, Μὴ κλέψῃς, Μὴ ψευδομαρτυρήσῃς, Τίμα
τὸν πατέρα σου καὶ τὴν μητέρα. ὁ δὲ ἔφη αὐτῷ Διδάσκαλε, ταῦτα 20
ρη̅ πάντα ἐφυλαξάμην ἐκ νεότητός μου. ὁ δὲ Ἰησοῦς ἐμβλέψας 21
β αὐτῷ ἠγάπησεν αὐτὸν καὶ εἶπεν αὐτῷ Ἕν σοι ὑστερεῖ· ὕπαγε ὅσα
ἔχεις πώλησον καὶ δὸς πτωχοῖς, καὶ ἕξεις θησαυρὸν ἐν οὐρανῷ, καὶ
ρθ̅ δεῦρο ἀκολούθει μοι. ὁ δὲ στυγνάσας ἐπὶ τῷ λόγῳ ἀπῆλθεν 22
β λυπούμενος, ἦν γὰρ ἔχων κτήματα πολλά. Καὶ περι- 23
βλεψάμενος ὁ Ἰησοῦς λέγει τοῖς μαθηταῖς αὐτοῦ Πῶς δυσκόλως
οἱ τὰ χρήματα ἔχοντες εἰσελεύσονται εἰς τὴν βασιλείαν τοῦ θεοῦ.
οἱ δὲ μαθηταὶ ἐθαμβοῦντο ἐπὶ τοῖς λόγοις αὐτοῦ. ὁ δὲ Ἰησοῦς 24
πάλιν ἀποκριθεὶς εἶπεν αὐτοῖς Τεκνία, πῶς δύσκολόν ἐστιν εἰς τὴν
βασιλείαν τοῦ θεοῦ εἰσελθεῖν· εὐκοπώτερόν ἐστιν κάμηλον διὰ 25
τρυμαλιᾶς ῥαφίδος εἰσελθεῖν ἢ πλούσιον εἰς τὴν βασιλείαν τοῦ
θεοῦ εἰσελθεῖν. οἱ δὲ περισσῶς ἐξεπλήσσοντο λέγοντες πρὸς 26
αὐτόν Καὶ τίς δύναται σωθῆναι; ἐμβλέψας αὐτοῖς ὁ Ἰησοῦς 27
λέγει Παρὰ ἀνθρώποις ἀδύνατον ἀλλ' οὐ παρὰ θεῷ. Ἤρ- 28
ξατο λέγειν ὁ Πέτρος αὐτῷ Ἰδοὺ ἡμεῖς ἀφήκαμεν πάντα καὶ
ρι̅ ἠκολουθήσαμέν σοι. ἔφη αὐτοῖς Ἀμὴν λέγω ὑμῖν, οὐδείς ἐστιν 29
β ὃς ἀφῆκεν οἰκίας ἢ ἀδελφοὺς ἢ ἀδελφὰς ἢ πατέρα ἢ μητέρα ἢ
γυναῖκα ἢ τέκνα ἕνεκεν ἐμοῦ καὶ ἕνεκεν τοῦ εὐαγγελίου, ἐὰν μὴ 30
λάβῃ ἑκατονταπλασίονα νῦν ἐν τῷ καιρῷ τούτῳ οἰκίας καὶ ἀδελφοὺς
καὶ ἀδελφὰς καὶ μητέρας καὶ τέκνα καὶ ἀγροὺς μετὰ διωγμῶν, καὶ

17. καὶ 2° is very faint, and seems to have been sponged out. 24. A contemporary hand has written in the margin τοὺς πεποιθότας ἐπὶ χρήμασιν. 29. τέκνα] + ἢ ἀγροὺς written below the line perhaps by the first hand. 30. τέκνα] + καὶ γυναῖκας in the margin, perhaps written by the first hand.

31 ἐν τῷ αἰῶνι τῷ ἐρχομένῳ ζωὴν αἰώνιον. πολλοὶ δὲ ἔσονται
πρῶτοι ἔσχατοι καὶ ἔσχατοι πρῶτοι. $\frac{ρια}{β}$

32 Ἦσαν δὲ ἐν τῇ ὁδῷ ἀναβαίνοντες εἰς Ἱεροσόλυμα, καὶ ἦν $\frac{ριβ}{β}$
προάγων αὐτοὺς ὁ Ἰησοῦς, καὶ ἐθαμβοῦντο, οἱ δὲ ἀκολουθοῦντες
ἐφοβοῦντο. καὶ παραλαβὼν πάλιν τοὺς δώδεκα ἤρξατο αὐτοῖς
33 λέγειν τὰ μέλλοντα αὐτῷ συμβαίνειν ὅτι Ἰδοὺ ἀναβαίνομεν εἰς
Ἱεροσόλυμα, καὶ ὁ υἱὸς τοῦ ἀνθρώπου παραδοθήσεται τοῖς ἀρχιε-
ρεῦσιν καὶ τοῖς γραμματεῦσιν, καὶ κατακρινοῦσιν αὐτὸν θανάτῳ
34 καὶ παραδώσουσιν αὐτὸν τοῖς ἔθνεσιν καὶ ἐμπαίξουσιν αὐτῷ καὶ
ἐμπτύσωσιν αὐτῷ καὶ μαστιγώσουσιν αὐτὸν καὶ ἀποκτενοῦσιν
αὐτόν, καὶ μετὰ τρεῖς ἡμέρας ἀναστήσεται.

35 Καὶ προσπορεύονται αὐτῷ Ἰάκωβος καὶ Ἰωάννης οἱ υἱοὶ $\frac{ριγ}{ς}$
Ζεβεδαίου λέγοντες Διδάσκαλε, θέλομεν ἵνα ὃ ἐὰν αἰτήσωμέν σε
$\frac{36}{37}$ ποιήσῃς ἡμῖν. ὁ δὲ εἶπεν αὐτοῖς Τί θέλετέ με ποιήσω ὑμῖν; οἱ δὲ
εἶπαν αὐτῷ Δὸς ἡμῖν ἵνα εἷς σου ἐκ δεξιῶν καὶ εἷς ἐξ ἀριστερῶν
38 καθίσωμεν ἐν τῇ δόξῃ σου. ὁ δὲ Ἰησοῦς εἶπεν αὐτοῖς Οὐκ οἴδατε τί
αἰτεῖσθε· δύνασθε πιεῖν τὸ ποτήριον ὃ ἐγὼ πίνω, ἢ τὸ βάπτισμα ὃ
39 ἐγὼ βαπτίζομαι βαπτισθῆναι; οἱ δὲ λέγουσιν αὐτῷ Δυνάμεθα. ὁ δὲ
εἶπεν αὐτοῖς Τὸ μὲν ποτήριον ὃ ἐγὼ πίνω πίεσθε καὶ τὸ βάπτισμα
40 ὃ ἐγὼ βαπτίζομαι βαπτισθήσεσθε, τὸ δὲ καθίσαι ἐκ δεξιῶν μου ἢ
41 ἐξ εὐωνύμων μου οὐκ ἔστιν ἐμὸν δοῦναι, ἀλλ' οἷς ἡτοίμασται. καὶ $\frac{ριδ}{β}$
ἀκούσαντες οἱ δέκα ἤρξαντο ἀγανακτεῖν περὶ Ἰακώβου καὶ Ἰωάννου.
42 καὶ προσκαλεσάμενος αὐτοὺς ὁ Ἰησοῦς λέγει αὐτοῖς Οἴδατε ὅτι
οἱ δοκοῦντες ἄρχειν τῶν ἐθνῶν κατακυριεύουσιν αὐτῶν καὶ οἱ
43 μεγάλοι αὐτῶν κατεξουσιάζουσιν αὐτῶν. οὐχ οὕτως δέ ἐστιν ἐν
ὑμῖν· ἀλλ' ὃς ἂν θέλῃ μέγας γενέσθαι ἐν ὑμῖν, ἔσται ὑμῶν διάκονος,
$\frac{44}{45}$ καὶ ὃς ἂν θέλῃ εἶναι πρῶτος ἐν ὑμῖν, ἔσται πάντων δοῦλος· καὶ
γὰρ ὁ υἱὸς τοῦ ἀνθρώπου οὐκ ἦλθεν διακονηθῆναι ἀλλὰ διακονῆσαι $\frac{ριε}{δ}$
καὶ δοῦναι τὴν ψυχὴν αὐτοῦ λύτρον ἀντὶ πολλῶν.

46 Καὶ ἔρχονται εἰς Ἰερειχώ. Καὶ ἐκπορευομένου αὐτοῦ ἀπὸ $\frac{ριϛ}{β}$
Ἰερειχὼ μετὰ τῶν μαθητῶν αὐτοῦ καὶ ὄχλου ἱκανοῦ ὁ υἱὸς Τιμαίου
47 Βαρτίμαιος τυφλὸς προσαίτης ἐκάθητο παρὰ τὴν ὁδόν. καὶ ἀκούσας
ὅτι Ἰησοῦς ὁ Ναζαρηνός ἐστιν ἤρξατο κράζειν καὶ λέγειν Υἱὲ
48 Δαυείδ, ἐλέησόν με. καὶ ἐπετίμων αὐτῷ πολλοὶ ἵνα σιωπήσῃ·
49 ὁ δὲ πολλῷ μᾶλλον ἔκραζεν Υἱὲ Δαυείδ, ἐλέησόν με. καὶ στὰς

ὁ Ἰησοῦς εἶπεν Φωνήσατε αὐτόν. καὶ φωνοῦσι τὸν τυφλὸν
λέγοντες αὐτῷ Θάρσει, ἔγειρε, φωνεῖ σε. ὁ δὲ ἀποβαλὼν τὸ 50
ἱμάτιον αὐτοῦ ἀναπηδήσας ἦλθεν πρὸς τὸν Ἰησοῦν. καὶ ἀποκριθεὶς 51
αὐτῷ ὁ Ἰησοῦς εἶπεν Τί σοι θέλεις ποιήσω; ὁ δὲ τυφλὸς εἶπεν
αὐτῷ Ῥαβουνί, ἵνα ἀναβλέψω. καὶ ὁ Ἰησοῦς εἶπεν αὐτῷ Ὕπαγε, 52
ἡ πίστις σου σέσωκέν σε. καὶ εὐθὺς ἀνέβλεψεν, καὶ ἠκολούθει
αὐτῷ ἐν τῇ ὁδῷ.

ριϛ/β Καὶ ὅτε ἐγγίζουσιν εἰς Ἱεροσόλυμα εἰς Βηθφαγὴ πρὸς τὸ Ὄρος XI
~ῶν Ἐλαιῶν, ἀποστέλλει δύο τῶν μαθητῶν αὐτοῦ καὶ λέγει αὐτοῖς 2
Ὑπάγετε εἰς τὴν κώμην τὴν κατέναντι ὑμῶν, καὶ εὐθὺς εἰσπορευό-
μενοι εἰς αὐτὴν εὑρήσετε πῶλον δεδεμένον ἐφ' ὃν οὐδεὶς οὔπω
ἀνθρώπων ἐκάθισεν· λύσατε αὐτὸν καὶ φέρετε. καὶ ἐάν τις ὑμῖν 3
εἴπῃ Τί ποιεῖτε τοῦτο; εἴπατε ὅτι Ὁ κύριος αὐτοῦ χρείαν
ριη/β ἔχει· καὶ εὐθὺς αὐτὸν ἀποστελεῖ ὧδε. καὶ ἀπῆλθον καὶ εὗρον 4
πῶλον δεδεμένον πρὸς θύραν ἔξω ἐπὶ τοῦ ἀμφόδου, καὶ λύουσιν
αὐτόν. καί τινες τῶν ἐκεῖ ἑστηκότων ἔλεγον αὐτοῖς Τί ποιεῖτε 5
λύοντες τὸν πῶλον; οἱ δὲ εἶπαν αὐτοῖς καθὼς εἶπεν αὐτοῖς ὁ 6
Ἰησοῦς· καὶ ἀφῆκαν αὐτούς. καὶ φέρουσιν τὸν πῶλον πρὸς τὸν 7
Ἰησοῦν, καὶ ἐπιβάλλουσιν αὐτῷ τὰ ἱμάτια αὐτῶν, καὶ ἐκάθισεν
ἐπ' αὐτόν. καὶ πολλοὶ τὰ ἱμάτια αὐτῶν ἔστρωσαν εἰς τὴν ὁδόν, 8
ἄλλοι δὲ στιβάδας κόψαντες ἐκ τῶν ἀγρῶν. καὶ οἱ προάγοντες 9
ριθ/ϛ καὶ οἱ ἀκολουθοῦντες ἔλεγον

Ὡσαννά·
Εὐλογημένος ὁ ἐρχόμενος ἐν ὀνόματι Κυρίου·
Εὐλογημένη ἡ ἐρχομένη βασιλεία τοῦ πατρὸς ἡμῶν Δαυείδ·   10
Ὡσαννὰ ἐν τοῖς ὑψίστοις.

ρκ/ϛ Καὶ εἰσῆλθεν εἰς Ἱεροσόλυμα εἰς τὸ ἱερόν· καὶ περιβλεψάμενος 11
πάντα ὀψίας ἤδη οὔσης τῆς ὥρας ἐξῆλθεν εἰς Βιθανίαν μετὰ τῶν
δώδεκα.

Καὶ τῇ ἐπαύριον ἐξελθόντων αὐτῶν ἀπὸ Βιθανίας ἐπείνασεν. 12
καὶ ἰδὼν συκῆν ἀπὸ μακρόθεν ἔχουσαν φύλλα ἦλθεν εἰ ἄρα τι 13
εὑρήσει ἐν αὐτῇ, καὶ ἐλθὼν ἐπ' αὐτὴν οὐδὲν εὗρεν εἰ μὴ φύλλα, ὁ
γὰρ καιρὸς οὐκ ἦν σύκων. καὶ ἀποκριθεὶς εἶπεν αὐτῇ Μηκέτι 14
εἰς τὸν αἰῶνα ἐκ σοῦ μηδεὶς καρπὸν φάγῃ. καὶ ἤκουον οἱ μαθηταὶ
ρκα/α αὐτοῦ.   Καὶ ἔρχονται εἰς Ἱεροσόλυμα. Καὶ εἰσελθὼν 15
εἰς τὸ ἱερὸν ἤρξατο ἐκβάλλειν τοὺς πωλοῦντας καὶ ἀγοράζοντας ἐν

Texts from Mount Athos.

τῷ ἱερῷ, καὶ τὰς τραπέζας τῶν κολλυβιστῶν καὶ τὰς καθέδρας τῶν
16 πωλούντων τὰς περιστερὰς κατέστρεψεν καὶ οὐκ ἤφιεν ἵνα τις
17 διενέγκῃ σκεῦος διὰ τοῦ ἱεροῦ, καὶ ἐδίδασκεν καὶ ἔλεγεν   Οὐ
γέγραπται Ὁ οἶκός μου οἶκος προσευχῆς κληθήσεται πᾶσιν τοῖς
18 ἔθνεσιν; ὑμεῖς δὲ πεποιήκατε αὐτὸν σπήλαιον λῃστῶν. καὶ $\frac{ρκβ}{α}$
ἤκουον οἱ ἀρχιερεῖς καὶ οἱ γραμματεῖς, καὶ ἐζήτουν πῶς αὐτὸν
ἀπολέσωσιν· ἐφοβοῦντο γὰρ αὐτόν, πᾶς γὰρ ὁ ὄχλος ἐξεπλήττετο
19 ἐπὶ τῇ διδαχῇ αὐτοῦ. Καὶ ὅταν ὀψὲ ἐγένετο, ἐξεπορεύοντο ἔξω $\frac{ργ}{ι}$
20 τῆς πόλεως.   Καὶ παραπορευόμενοι πρωὶ εἶδον τὴν
21 συκῆν ἐξηραμμένην ἐκ ῥιζῶν. καὶ ἀναμνησθεὶς ὁ Πέτρος εἶπεν
22 αὐτῷ Ῥαββί, ἴδε ἡ συκῆ ἣν κατηράσω ἐξηράνθη. καὶ ἀποκριθεὶς ὁ $\frac{ρκδ}{Δ}$
23 Ἰησοῦς λέγει αὐτοῖς Ἔχετε πίστιν θεοῦ· ἀμὴν λέγω ὑμῖν ὅτι ὃς
ἂν εἴπῃ τῷ ὄρει τούτῳ Ἄρθητι καὶ βλήθητι εἰς τὴν θάλασσαν,
καὶ μὴ διακριθῇ ἐν τῇ καρδίᾳ αὐτοῦ ἀλλὰ πιστεύῃ ὅτι ὃ λαλεῖ
24 γίνεται, ἔσται αὐτῷ ὃ ἐὰν εἴπῃ. διὰ τοῦτο λέγω ὑμῖν, πάντα ὅσα $\frac{ρκε}{δ}$
προσεύχεσθε καὶ αἰτεῖσθε, πιστεύετε ὅτι ἐλάβετε, καὶ ἔσται ὑμῖν.
25 καὶ ὅταν στήκετε προσευχόμενοι, ἀφίετε εἴ τι ἔχετε κατά τινος, ἵνα $\frac{ρκϛ}{ϛ}$
καὶ ὁ πατὴρ ὑμῶν ὁ ἐν τοῖς οὐρανοῖς ἀφῇ ὑμῖν τὰ παραπτώματα
ὑμῶν.
27 Καὶ ἔρχονται πάλιν εἰς Ἱεροσόλυμα. Καὶ ἐν τῷ ἱερῷ περι- $\frac{ρκζ}{β}$
28 πατοῦντος αὐτοῦ ἔρχονται πρὸς αὐτὸν οἱ ἀρχιερεῖς καὶ οἱ γραμμα-
τεῖς καὶ οἱ πρεσβύτεροι λέγοντες αὐτῷ Ἐν ποίᾳ ἐξουσίᾳ ταῦτα
ποιεῖς; ἢ τίς σοι ἔδωκεν τὴν ἐξουσίαν ταύτην ἵνα ταῦτα
29 ποιῇς; ὁ δὲ Ἰησοῦς εἶπεν αὐτοῖς Ἐπερωτήσω ὑμᾶς ἕνα λόγον,
καὶ ἀποκρίθητέ μοι, κἀγὼ ὑμῖν ἐρῶ ἐν ποίᾳ ἐξουσίᾳ ταῦτα ποιῶ·
30 τὸ βάπτισμα Ἰωάννου ἐξ οὐρανοῦ ἦν ἢ ἐξ ἀνθρώπων; ἀποκρίθητέ
31 μοι. καὶ διελογίζοντο πρὸς ἑαυτοὺς λέγοντες Ἐὰν εἴπωμεν Ἐξ
32 οὐρανοῦ, ἐρεῖ Διὰ τί οὐκ ἐπιστεύσατε αὐτῷ; ἀλλ   εἴπωμεν
Ἐξ ἀνθρώπων   φοβοῦ   τὸν λαόν, ἅπαντες γὰρ εἶχον τὸν
33 Ἰωάννην ὄντως ὅτι προφήτης ἦν. καὶ ἀποκριθέντες τῷ Ἰησοῦ
λέγουσιν Οὐκ οἴδαμεν. καὶ ὁ Ἰησοῦς λέγει αὐτοῖς Οὐδὲ ἐγὼ
XII λέγω ὑμῖν ἐν ποίᾳ ἐξουσίᾳ ταῦτα ποιῶ.   Καὶ ἤρξατο
αὐτοῖς ἐν παραβολαῖς λαλεῖν Ἀμπελῶνα ἄνθρωπος ἐφύτευσεν, $\frac{ρκη}{β}$
καὶ περιέθηκεν αὐτῷ φραγμὸν καὶ ὤρυξεν ὑπολήνιον καὶ ᾠκοδόμησεν

32. Spaces are left in the text as shown above, but an apparently contemporary hand has added μεθα after φοβου.

πύργον, καὶ ἐξέδοτο αὐτὸν γεωργοῖς, καὶ ἀπεδήμησεν. καὶ ἀπ- 2
έστειλεν πρὸς τοὺς γεωργοὺς τῷ καιρῷ δοῦλον, ἵνα λάβῃ ἀπὸ τῶν
καρπῶν τοῦ ἀμπελῶνος· καὶ λαβόντες αὐτὸν ἔδειραν καὶ ἀπέστειλαν 3
κενόν. καὶ πάλιν ἀπέστειλεν πρὸς αὐτοὺς ἄλλον δοῦλον· καὶ ἐκεῖνον 4
ἐκεφαλίωσαν καὶ ἠτίμασαν. καὶ ἄλλον ἀπέστειλεν· κἀκεῖνον 5
ἀπέκτειναν, καὶ πολλοὺς ἄλλους, οὓς μὲν δέροντες οὓς δὲ ἀποκτεν-
νόντες. ἔτι ἕνα εἶχεν, υἱὸν ἀγαπητόν· καὶ ἀπέστειλεν αὐτὸν 6
ἔσχατον πρὸς αὐτοὺς λέγων ὅτι Ἐντραπήσονται τὸν υἱόν μου.
ἐκεῖνοι δὲ οἱ γεωργοὶ πρὸς ἑαυτοὺς εἶπαν ὅτι Οὗτός ἐστιν ὁ 7
κληρονόμος· δεῦτε ἀποκτείνωμεν αὐτόν, καὶ ἡμῶν ἔσται ἡ κληρο-
νομία. καὶ λαβόντες ἀπέκτειναν αὐτόν, καὶ ἐξέβαλον αὐτὸν ἔξω 8
τοῦ ἀμπελῶνος. τί οὖν ποιήσει ὁ κύριος τοῦ ἀμπελῶνος; 9
ἐλεύσεται καὶ ἀπολέσει τοὺς γεωργούς, καὶ δώσει τὸν ἀμπελῶνα
ἄλλοις. οὐδὲ τὴν γραφὴν ταύτην ἀνέγνωτε 10
    Λίθον ὃν ἀπεδοκίμασαν οἱ οἰκοδομοῦντες,
      οὗτος ἐγενήθη εἰς κεφαλὴν γωνίας·
    παρὰ Κυρίου ἐγένετο αὕτη, 11
      καὶ ἔστιν θαυμαστὴ ἐν ὀφθαλμοῖς ἡμῶν;

ρκθ/α Καὶ ἐζήτουν αὐτὸν κρατῆσαι, καὶ ἐφοβήθησαν τὸν ὄχλον, ἔγνωσαν γὰρ 12
ὅτι πρὸς αὐτοὺς τὴν παραβολὴν εἶπεν. καὶ ἀφέντες αὐτὸν ἀπῆλθον.

ρλ/β Καὶ ἀποστέλλουσιν πρὸς αὐτόν τινας τῶν Φαρισαίων καὶ τῶν 13
Ἡρωδιανῶν ἵνα αὐτὸν ἀγρεύσωσιν λόγῳ. καὶ ἐλθόντες λέγουσιν 14
αὐτῷ Διδάσκαλε, οἴδαμεν ὅτι ἀληθὴς εἶ καὶ οὐ μέλει σοι περὶ
οὐδενός, οὐ γὰρ βλέπεις εἰς πρόσωπον ἀνθρώπων, ἀλλ' ἐπ'
ἀληθείας τὴν ὁδὸν τοῦ θεοῦ διδάσκεις· ἔξεστιν δοῦναι κῆνσον
Καίσαρι ἢ οὔ; δῶμεν ἢ μὴ δῶμεν; ὁ δὲ εἰδὼς αὐτῶν τὴν ὑπόκρισιν 15
εἶπεν αὐτοῖς Τί με πειράζετε; φέρετέ μοι δηνάριον ἵνα ἴδω. οἱ 16
δὲ ἤνεγκαν. καὶ λέγει αὐτοῖς Τίνος ἡ εἰκὼν αὕτη καὶ ἡ ἐπιγραφή;
οἱ δὲ εἶπαν αὐτῷ Καίσαρος. ὁ δὲ Ἰησοῦς εἶπεν αὐτοῖς Τὰ 17
Καίσαρος ἀπόδοτε Καίσαρι καὶ τὰ τοῦ θεοῦ τῷ θεῷ. καὶ ἐξεθαύ-
μαζον ἐπ' αὐτῷ.

Καὶ ἔρχονται πρὸς αὐτὸν Σαδδουκαῖοι, οἵτινες λέγουσιν ἀνά- 18
στασιν μὴ εἶναι, καὶ ἐπηρώτων αὐτὸν λέγοντες Διδάσκαλε, Μωυσῆς 19
ἔγραψεν ἡμῖν ὅτι ἐάν τινος ἀδελφὸς ἀποθάνῃ καὶ καταλίπῃ γυναῖκα
καὶ μὴ ἀφῇ τέκνον, ἵνα λάβῃ ὁ ἀδελφὸς αὐτοῦ τὴν γυναῖκα καὶ
ἐξαναστήσῃ σπέρμα τῷ ἀδελφῷ αὐτοῦ. ἑπτὰ ἀδελφοὶ ἦσαν· καὶ 20

ὁ πρῶτος ἔλαβεν γυναῖκα, καὶ ἀποθνῄσκων οὐκ ἀφῆκεν σπέρμα·
21 καὶ ὁ δεύτερος ἔλαβεν αὐτήν, καὶ ἀπέθανεν μὴ καταλιπὼν σπέρμα,
22 καὶ ὁ τρίτος· ὡσαύτως καὶ οἱ ἑπτὰ οὐκ ἀφῆκαν σπέρμα· ἔσχατον
23 πάντων καὶ ἡ γυνὴ ἀπέθανεν. ἐν τῇ ἀναστάσει τίνος αὐτῶν ἔσται
24 γυνή; οἱ γὰρ ἑπτὰ ἔσχον αὐτὴν γυναῖκα. ἔφη αὐτοῖς ὁ Ἰησοῦς
Οὐ διὰ τοῦτο πλανᾶσθε μὴ εἰδότες τὰς γραφὰς μηδὲ τὴν δύναμιν
25 τοῦ θεοῦ; ὅταν γὰρ ἐκ νεκρῶν ἀναστῶσιν, οὔτε γαμοῦσιν οὔτε γαμί-
26 ζονται, ἀλλ' εἰσὶν ὡς ἄγγελοι οἱ ἐν τοῖς οὐρανοῖς· περὶ δὲ τῶν νεκρῶν
ὅτι ἐγείρονται οὐκ ἀνέγνωτε ἐν τῇ βίβλῳ Μωσέως ἐπὶ τῆς βάτου πῶς
εἶπεν αὐτῷ ὁ θεὸς λέγων Ἐγὼ ὁ θεὸς Ἀβραὰμ καὶ ὁ θεὸς Ἰσαὰκ καὶ
27 ὁ θεὸς Ἰακώβ; οὐκ ἔστιν ὁ θεὸς νεκρῶν ἀλλὰ ζώντων· πολὺ πλανᾶσθε.
28 Καὶ προσελθὼν εἷς τῶν γραμματέων ἀκούσας αὐτῶν συζητούντων, ρλα ς
εἰδὼς ὅτι καλῶς ἀπεκρίθη αὐτοῖς, ἐπερώτησεν αὐτόν Ποία ἐστὶν
29 ἐντολὴ πρώτη πάντων; ἀπεκρίθη Ἰησοῦς ὅτι Πρώτη ἐστίν
30 Ἄκουε, Ἰσραήλ, Κύριος ὁ θεός σου κύριος εἷς ἐστί, καὶ ἀγαπήσεις
Κύριον τὸν θεόν σου ἐξ ὅλης καρδίας σου καὶ ἐξ ὅλης τῆς ψυχῆς
31 σου καὶ ἐξ ὅλης τῆς διανοίας σου καὶ ἐξ ὅλης τῆς ἰσχύος σου. ἡ
δευτέρα αὕτη Ἀγαπήσεις τὸν πλησίον σου ὡς σεαυτόν. μείζων
32 τούτων ἄλλη ἐντολὴ οὐκ ἔστιν. Καὶ εἶπεν αὐτῷ ὁ γραμματεύς ρλβ ι
Καλῶς, διδάσκαλε, ἐπ' ἀληθείας εἶπας ὅτι εἷς ἐστιν καὶ οὐκ ἔστιν
33 ἄλλος πλὴν αὐτοῦ· καὶ τὸ ἀγαπᾶν αὐτὸν ἐξ ὅλης καρδίας καὶ ἐξ
ὅλης τῆς συνέσεως καὶ ἐξ ὅλης τῆς ἰσχύος καὶ τὸ ἀγαπᾶν τὸν
πλησίον ὡς ἑαυτὸν περισσότερά ἐστιν πάντων τῶν ὁλοκαυτωμάτων
34 καὶ θυσιῶν. καὶ ὁ Ἰησοῦς εἰδὼς αὐτὸν ὅτι νουνεχῶς ἀπεκρίθη ρλγ
εἶπεν αὐτῷ Οὐ μακρὰν ἀπὸ τῆς βασιλείας εἶ τοῦ θεοῦ. Καὶ Β
35 οὐδεὶς οὐκέτι ἐτόλμα αὐτὸν ἐπερωτῆσαι. Καὶ ρλδ
ἀποκριθεὶς ὁ Ἰησοῦς ἔλεγεν διδάσκων ἐν τῷ ἱερῷ Πῶς λέγουσιν Β
36 οἱ γραμματεῖς ὅτι ὁ Χριστὸς υἱὸς Δαυεὶδ ἐστιν; αὐτὸς Δαυεὶδ
εἶπεν ἐν τῷ πνεύματι τῷ ἁγίῳ

 Εἶπεν Κύριος τῷ κυρίῳ μου Κάθου ἐκ δεξιῶν μου
 ἕως ἂν θῶ τοὺς ἐχθρούς σου ὑποκάτω τῶν ποδῶν σου·
37 αὐτὸς Δαυεὶδ ἐν πνεύματι καλεῖ αὐτὸν κύριον, καὶ πῶς υἱὸς αὐτοῦ ἐστίν;
38 Καὶ ὁ πολὺς ὄχλος ἤκουεν αὐτοῦ ἡδέως. Καὶ ἐν τῇ διδαχῇ ρλε
αὐτοῦ ἔλεγεν Βλέπετε ἀπὸ τῶν γραμματέων τῶν θελόντων ἐν Β
στολαῖς περιπατεῖν καὶ ζητούντων ἀσπασμοὺς ἐν ταῖς ἀγοραῖς

26. τῆς] ης apparently *in rasura* by a later hand.

καὶ πρωτοκαθεδρίας ἐν ταῖς συναγωγαῖς καὶ πρωτοκλισίας ἐν τοῖς 39
δείπνοις, οἱ κατεσθίοντες τὰς οἰκίας τῶν χηρῶν καὶ προφάσει 40
μακρὰ προσευχόμενοι· οὗτοι λήψονται περισσότερον κρίμα.

ρλς/β

Καὶ καθίσας ἀπέναντι τοῦ γαζοφυλακίου ἐθεώρει πῶς ὁ ὄχλος 41
βάλλει χαλκὸν εἰς τὸ γαζοφυλακεῖον· καὶ πολλοὶ πλούσιοι ἔβαλλον
πολλά· καὶ ἐλθοῦσα μία χήρα πτωχὴ ἔβαλεν λεπτὰ δύο, ὅ ἐστιν 42
κοδράντης. καὶ προσκαλεσάμενος τοὺς μαθητὰς αὐτοῦ εἶπεν 43
αὐτοῖς Ἀμὴν λέγω ὑμῖν ὅτι ἡ χήρα αὕτη ἡ πτωχὴ πλεῖον πάντων
ἔβαλεν τῶν βαλλόντων εἰς τὸ γαζοφυλακεῖον· πάντες γὰρ ἐκ τοῦ 44
περισσεύοντος αὐτοῖς ἔβαλον, αὕτη δὲ ἐκ τῆς ὑστερήσεως αὐτῆς
πάντα ὅσα εἶχεν ἔβαλεν, καὶ ὅλον τὸν βίον αὐτῆς.

ρλζ/β

Καὶ ἐκπορευομένων αὐτῶν ἀπὸ τοῦ ἱεροῦ λέγει αὐτῷ εἷς τῶν **XIII**
μαθητῶν αὐτοῦ Ἴδε ποταποὶ λίθοι καὶ ποταπαὶ οἰκοδομαί. καὶ ὁ 2
Ἰησοῦς εἶπεν αὐτῷ Βλέπεις ταύτας τὰς μεγάλας οἰκοδομάς; οὐ
ρλη/β μὴ ἀφεθῇ ὧδε λίθος ἐπὶ λίθον ὃς οὐ μὴ καταλυθῇ. Καὶ καθη- 3
μένου αὐτοῦ εἰς τὸ Ὄρος τῶν Ἐλαιῶν κατέναντι τοῦ ἱεροῦ ἐπηρώτα
αὐτὸν κατ' ἰδίαν Πέτρος καὶ Ἰάκωβος καὶ Ἰωάννης καὶ Ἀνδρέας
Εἰπὸν ἡμῖν πότε ταῦτα ἔσται, καὶ τί τὸ σημεῖον ὅταν ταῦτα μέλλῃ 4
συντελεῖσθαι ἅπαντα. ὁ δὲ Ἰησοῦς ἤρξατο λέγειν αὐτοῖς Βλέ- 5
πετε μή τις ὑμᾶς πλανήσει· πολλοὶ ἐλεύσονται ἐπὶ τῷ ὀνόματί 6
μου λέγοντες ὅτι Ἐγώ εἰμι, καὶ πολλοὺς πλανήσουσιν. ὅταν δὲ 7
ἀκούσητε πολέμους καὶ ἀκοὰς πολέμων, μὴ θροεῖσθε· δεῖ γενέσθαι,
ἀλλ' οὔπω τὸ τέλος. ἐγερθήσεται γὰρ ἔθνος ἐπ' ἔθνος καὶ Βα- 8
σιλεία ἐπὶ Βασιλείαν, ἔσονται σεισμοὶ κατὰ τόπους, ἔσονται λιμοί·
ρλθ/α ἀρχὴ ὠδίνων ταῦτα. βλέπετε δὲ ὑμεῖς ἑαυτούς· παραδώσουσιν 9
ὑμᾶς εἰς συνέδρια καὶ εἰς συναγωγὰς δαρήσεσθε καὶ ἐπὶ ἡγεμόνων
ρμ/ς καὶ βασιλέων σταθήσεσθε ἕνεκεν ἐμοῦ εἰς μαρτύριον αὐτοῖς. καὶ 10
ρμα/β εἰς πάντα τὰ ἔθνη πρῶτον δεῖ κηρυχθῆναι τὸ εὐαγγέλιον. καὶ 11
ὅταν ἄγωσιν ὑμᾶς παραδιδόντες, μὴ προμελετᾶτε τί λαλήσητε,
ἀλλ' ὃ ἐὰν δοθῇ ὑμῖν ἐν ἐκείνῃ τῇ ὥρᾳ τοῦτο λαλεῖτε, οὐ γάρ ἐστε
ὑμεῖς οἱ λαλοῦντες ἀλλὰ τὸ πνεῦμα τὸ ἅγιον. καὶ παραδώσει 12
ἀδελφὸς ἀδελφὸν εἰς θάνατον καὶ πατὴρ τέκνον, καὶ ἐπαναστή-
σονται τέκνα ἐπὶ γονεῖς καὶ θανατώσουσιν αὐτούς· καὶ ἔσεσθε 13
μισούμενοι ὑπὸ πάντων διὰ τὸ ὄνομά μου. ὁ δὲ ὑπομείνας εἰς
ρμβ/ε τέλος οὗτος σωθήσεται. Ὅταν δὲ ἴδητε τὸ Βδέλυγμα τῆς ἐρημώ- 14
ρμγ/ς σεως ἑστηκὸς ὅπου οὐ δεῖ, ὁ ἀναγινώσκων νοείτω, τότε οἱ ἐν τῇ

Texts from Mount Athos.   115

15 Ἰουδαίᾳ φευγέτωσαν εἰς τὰ ὄρη, ὁ δὲ ἐπὶ τοῦ δώματος μὴ κατα-
16 βάτω μηδὲ εἰσελθέτω τι ἆραι ἐκ τῆς οἰκίας αὐτοῦ, καὶ ὁ εἰς τὸν
17 ἀγρὸν μὴ ἐπιστρεψάτω εἰς τὰ ὀπίσω ἆραι τὸ ἱμάτιον αὐτοῦ. οὐαὶ $\frac{ρμδ}{β}$
    δὲ ταῖς ἐν γαστρὶ ἐχούσαις καὶ ταῖς θηλαζούσαις ἐν ἐκείναις ταῖς
18 ἡμέραις. προσεύχεσθε ἵνα μὴ γένηται ἡ φυγὴ ὑμῶν χειμῶνος· $\frac{ρμε}{ς}$
19 ἔσονται γὰρ αἱ ἡμέραι ἐκεῖναι θλίψις οἵα οὐ γέγονεν ἀπ' $\frac{ρμς}{β}$
    ἀρχῆς κτίσεως ἣν ἔκτισεν ὁ θεὸς ἕως τοῦ νῦν καὶ οὐ μὴ γένηται.
20 καὶ εἰ μὴ ἐκολόβωσεν ὁ θεὸς τὰς ἡμέρας ἐκείνας, οὐκ ἂν ἐσώθη $\frac{ρμζ}{ς}$
    πᾶσα σάρξ. ἀλλὰ διὰ τοὺς ἐκλεκτοὺς οὓς ἐξελέξατο ἐκολόβωσεν
21 τὰς ἡμέρας. Καὶ τότε ἐάν τις ὑμῖν εἴπῃ Ἴδε ὧδε ὁ Χριστός $\frac{ρμη}{ }$
22 Ἴδε ἐκεῖ, μὴ πιστεύετε· ἐγερθήσονται γὰρ ψευδόχριστοι καὶ ψευ- $\frac{ρμθ}{ς}$
    δοπροφῆται καὶ δώσουσιν σημεῖα καὶ τέρατα πρὸς τὸ ἀποπλανᾶν
23 εἰ δυνατὸν ἐκλεκτούς· ὑμεῖς δὲ βλέπετε· προείρηκα ὑμῖν πάντα.
24 Ἀλλὰ ἐν ἐκείναις ταῖς ἡμέραις μετὰ τὴν θλίψιν ἐκείνην ὁ ἥλιος $\frac{ρν}{ς}$
25 σκοτισθήσεται, καὶ ἡ σελήνη οὐ δώσει τὸ φέγγος αὐτῆς, καὶ οἱ
    ἀστέρες ἔσονται ἐκ τοῦ οὐρανοῦ πίπτοντες, καὶ αἱ δυνάμεις αἱ ἐν
26 τοῖς οὐρανοῖς σαλευθήσονται. καὶ τότε ὄψονται τὸν υἱὸν τοῦ
    ἀνθρώπου ἐρχόμενον ἐν νεφέλαις μετὰ δυνάμεως πολλῆς καὶ δόξης·
27 καὶ τότε ἀποστελεῖ τοὺς ἀγγέλους αὐτοῦ καὶ ἐπισυνάξει τοὺς $\frac{ρνα}{β}$
    ἐκλεκτοὺς ἐκ τῶν τεσσάρων ἀνέμων ἀπ' ἄκρου γῆς ἕως ἄκρου
28 τοῦ οὐρανοῦ.   Ἀπὸ δὲ τῆς συκῆς μάθετε τὴν
    παραβολήν· ὅταν ἤδη ὁ κλάδος αὐτῆς ἁπαλὸς γένηται καὶ τὰ
29 φύλλα ἐκφύῃ, γινώσκετε ὅτι ἐγγὺς τὸ θέρος ἐστίν· οὕτως καὶ
    ὑμεῖς, ὅταν ἴδητε ταῦτα γινόμενα, γινώσκετε ὅτι ἐγγύς ἐστιν ἐπὶ
30 θύραις. ἀμὴν λέγω ὑμῖν ὅτι οὐ μὴ παρέλθῃ ἡ γενεὰ αὕτη μέχρι
31 οὗ ταῦτα πάντα γένηται. ὁ οὐρανὸς καὶ ἡ γῆ παρελεύσονται, οἱ
32 δὲ λόγοι μου οὐ μὴ παρέλθωσιν. Περὶ δὲ τῆς ἡμέρας ἐκείνης ἢ $ρνβ$
    τῆς ὥρας οὐδεὶς οἶδεν, οὐδὲ οἱ ἄγγελοι οἱ ἐν τῷ οὐρανῷ οὔτε ὁ
33 υἱός, εἰ μὴ ὁ πατήρ. βλέπετε ἀγρυπνεῖτε καὶ προσεύχεσθε, οὐκ $\frac{ρνγ}{ς}$
34 οἴδατε γὰρ πότε ὁ καιρός ἐστιν· ὡς ἄνθρωπος ἀπόδημος ἀφεὶς $\frac{ρνδ}{ς}$
    τὴν οἰκίαν αὐτοῦ καὶ δοὺς τοῖς δούλοις αὐτοῦ τὴν ἐξουσίαν, ἑκάστῳ
35 τὸ ἔργον αὐτοῦ, καὶ τῷ θυρωρῷ ἐνετείλατο ἵνα γρηγορῇ. γρη- $\frac{ρνε}{β}$
    γορεῖτε οὖν, οὐκ οἴδατε γὰρ πότε ὁ κύριος τῆς οἰκίας ἔρχεται,
36 ἢ ὀψὲ ἢ μεσονύκτιον ἢ ἀλεκτοροφωνίας ἢ πρωί, μὴ ἐλθὼν
37 ἐξαίφνης εὕρῃ ὑμᾶς καθεύδοντας· ὃ δὲ ὑμῖν λέγω πᾶσιν λέγω,
    γρηγορεῖτε.

ρνς/α ρνζ/ς   Ἦν δὲ τὰ ἄζυμα καὶ τὸ πάσχα μετὰ δύο ἡμέρας. Καὶ ἐζή- XIV
τουν οἱ ἀρχιερεῖς καὶ οἱ γραμματεῖς πῶς αὐτὸν ἐν δόλῳ κρατή-
σαντες ἀποκτείνωσιν, ἔλεγον γάρ Μὴ ἐν τῇ ἑορτῇ, μή ποτε ἔσται ²
θόρυβος τοῦ λαοῦ.

ρνη/α   Καὶ ὄντος αὐτοῦ ἐν Βηθανίᾳ ἐν τῇ οἰκίᾳ Σίμωνος τοῦ λεπροῦ 3
κατακειμένου αὐτοῦ ἦλθεν γυνὴ ἔχουσα ἀλάβαστρον μύρου νάρδου
πιστικῆς πολυτελοῦς· συντρίψασα τὴν ἀλάβαστρον κατέχεεν
αὐτοῦ τῇ κεφαλῇ. ἦσαν δέ τινες ἀγανακτοῦντες πρὸς ἑαυτούς 4
Εἰς τί ἡ ἀπώλεια αὕτη τοῦ μύρου γέγονεν; ἐδύνατο γὰρ τοῦτο τὸ 5
μύρον πραθῆναι ἐπάνω δηναρίων τριακοσίων καὶ δοθῆναι τοῖς
πτωχοῖς· καὶ ἐνεβριμῶντο αὐτῇ. ὁ δὲ Ἰησοῦς εἶπεν Ἄφετε 6
αὐτήν· τί αὐτῇ κόπους παρέχετε; καλὸν ἔργον εἰργάσατο ἐν ἐμοί·
πάντοτε γὰρ τοὺς πτωχοὺς ἔχετε μεθ᾽ ἑαυτῶν, καὶ ὅταν θέλητε 7

ρνθ/α   πάντοτε δύνασθε αὐτοῖς εὖ ποιεῖν, ἐμὲ δὲ οὐ πάντοτε ἔχετε· ὃ 8
ἔσχεν ἐποίησεν, προέλαβεν μυρίσαι τὸ σῶμά μου εἰς τὸν ἐντα-
φιασμόν. ἀμὴν δὲ λέγω ὑμῖν, ὅπου ἐὰν κηρυχθῇ τὸ εὐαγγέλιον 9
τοῦτο εἰς ὅλον τὸν κόσμον, καὶ ὃ ἐποίησεν αὕτη λαληθήσεται εἰς

ρξ/β   μνημόσυνον αὐτῆς.   Καὶ Ἰούδας ὁ Ἰσκαριὼθ ὁ εἷς τῶν 10
δώδεκα ἀπῆλθεν πρὸς τοὺς ἀρχιερεῖς ἵνα αὐτὸν παραδῷ αὐτοῖς.
οἱ δὲ ἀκούσαντες ἐχάρησαν καὶ ἐπήγγειλαν αὐτῷ ἀργύριον δοῦναι. 11
καὶ ἐζήτει πῶς αὐτὸν εὐκαίρως παραδῷ.

Καὶ τῇ πρώτῃ ἡμέρᾳ τῶν ἀζύμων, ὅτε τὸ πάσχα ἔθυον, λέγουσιν 12
αὐτῷ οἱ μαθηταὶ αὐτοῦ Ποῦ θέλεις ἀπελθόντες ἑτοιμάσωμέν σοι
τὸ πάσχα; καὶ ἀποστέλλει δύο τῶν μαθητῶν αὐτοῦ καὶ λέγει 13
αὐτοῖς Ὑπάγετε εἰς τὴν πόλιν, καὶ ἀπαντήσει ὑμῖν ἄνθρωπος
κεράμιον ὕδατος βαστάζων· ἀκολουθήσατε αὐτῷ, καὶ ὅπου ἐὰν 14
εἰσέλθῃ εἴπατε τῷ οἰκοδεσπότῃ ὅτι Ὁ διδάσκαλος λέγει Ποῦ
ἐστὶν τὸ κατάλυμά μου ὅπου τὸ πάσχα μετὰ τῶν μαθητῶν μου
φάγω; καὶ αὐτὸς ὑμῖν δείξει ἀνώγαιον μέγα ἐστρωμένον ἕτοιμον· 15
καὶ ἐκεῖ ἑτοιμάσατε ἡμῖν. καὶ ἐξῆλθον οἱ μαθηταὶ καὶ ἦλθον εἰς 16
τὴν πόλιν καὶ εὗρον καθὼς εἶπεν αὐτοῖς, καὶ ἡτοίμασαν τὸ
πάσχα.   Καὶ ὀψίας γενομένης ἔρχεται μετὰ τῶν δώδεκα. 17

ρξα/β   καὶ ἀνακειμένων αὐτῶν καὶ ἐσθιόντων ὁ Ἰησοῦς εἶπεν Ἀμὴν 18
λέγω ὑμῖν ὅτι εἷς ἐξ ὑμῶν παραδώσει με ὁ ἐσθίων μετ᾽ ἐμοῦ.

ρξβ/β   ἤρξαντο λυπεῖσθαι καὶ λέγειν αὐτῷ εἷς κατὰ εἷς Μήτι ἐγώ; 19

ρξγ/β   ὁ δὲ λέγει αὐτοῖς Εἷς τῶν δώδεκα, ὁ ἐμβαπτόμενος μετ᾽ ἐμοῦ εἰς 20

21 τὸ τρύβλιον· ὅτι ὁ μὲν υἱὸς τοῦ ἀνθρώπου ὑπάγει καθὼς γέγραπται ρξδ/ϛ
περὶ αὐτοῦ, οὐαὶ δὲ τῷ ἀνθρώπῳ ἐκείνῳ δι' οὗ ὁ υἱὸς τοῦ ἀνθρώπου
παραδίδοται· καλὸν ἦν αὐτῷ εἰ οὐκ ἐγεννήθη ὁ ἄνθρωπος
22 ἐκεῖνος.   Καὶ ἐσθιόντων αὐτῶν λαβὼν ὁ Ἰησοῦς ἄρτον ρξε/α
εὐλογήσας ἔκλασεν καὶ ἔδωκεν αὐτοῖς καὶ εἶπεν Λάβετε, τοῦτό
23 ἐστιν τὸ σῶμά μου. καὶ λαβὼν ποτήριον εὐχαριστήσας ἔδωκεν ρξϛ/β
24 αὐτοῖς, καὶ ἔπιον ἐξ αὐτοῦ πάντες. καὶ εἶπεν αὐτοῖς Τοῦτό
ἐστιν τὸ αἷμά μου τῆς διαθήκης τὸ ἐκχυνόμενον ὑπὲρ πολλῶν·
25 ἀμὴν λέγω ὑμῖν ὅτι οὐκέτι οὐ μὴ πίω ἐκ τοῦ γενήματος τῆς
ἀμπέλου ἕως τῆς ἡμέρας ἐκείνης ὅταν αὐτὸ πίνω καινὸν ἐν τῇ
26 βασιλείᾳ τοῦ θεοῦ.   Καὶ ὑμνήσαντες ἐξῆλθον εἰς τὸ ρξζ/ϛ
27 Ὄρος τῶν Ἐλαιῶν.   Καὶ λέγει αὐτοῖς ὁ Ἰησοῦς ὅτι
Πάντες σκανδαλισθήσεσθε, ὅτι γέγραπται ὅτι Πατάξω τὸν ποι- ρξη/ϛ   ρξθ/δ
28 μένα, καὶ διασκορπισθήσονται τὰ πρόβατα· ἀλλὰ μετὰ τὸ ἐγερ-
29 θῆναί με προάξω ὑμᾶς εἰς τὴν Γαλιλαίαν. ὁ δὲ Πέτρος λέγει αὐτῷ ρο/δ
30 Εἰ καὶ πάντες σκανδαλισθήσονται, ἀλλ' οὐκ ἐγώ, καὶ λέγει
αὐτῷ ὁ Ἰησοῦς Ἀμὴν λέγω σοι ὅτι σὺ σήμερον ταύτῃ τῇ νυκτὶ
31 πρὶν ἢ δὶς ἀλέκτορα φωνῆσαι τρὶς ἀπαρνήσῃ με. ὁ δὲ ἐκπερισσῶς ροα/δ
ἐλάλει Ἐὰν δέῃ με συναποθανεῖν σοι, οὐ μή σε ἀπαρνήσομαι.
32   Καὶ ἔρχονται εἰς χωρίον οὗ τὸ ὄνομα Γεσσιμανή, καὶ λέγει τοῖς ροβ/δ
33 μαθηταῖς αὐτοῦ Καθίσατε ὧδε ἕως προσεύξομαι. καὶ παραλαμ- ρογ/δ
βάνει τὸν Πέτρον καὶ τὸν Ἰάκωβον καὶ τὸν Ἰωάννην μεθ' ἑαυτοῦ,
34 καὶ ἤρξατο ἐκθαμβεῖσθαι καὶ ἀδημονεῖν, καὶ λέγειν αὐτοῖς Περί- ροδ/δ
λυπός ἐστιν ἡ ψυχή μου ἕως θανάτου· μείνατε ὧδε καὶ γρηγορεῖτε.
35 καὶ προσελθὼν μικρὸν ἔπιπτεν ἐπὶ τῆς γῆς, καὶ προσηύχετο ἵνα εἰ
36 δυνατόν ἐστιν παρέλθῃ ἀπ' αὐτοῦ ἡ ὥρα, καὶ ἔλεγγεν Ἀββά ὁ ροϛ/α
πατήρ, πάντα δύναταί σοι· παρένεγκαι τοῦτο τὸ ποτήριον ἀπ'
37 ἐμοῦ· ἀλλ' οὐ τί ἐγὼ θέλω ἀλλὰ εἰ τί σύ. καὶ ἔρχεται καὶ ροζ/β
εὑρίσκει αὐτοὺς καθεύδοντας, καὶ λέγει τῷ Πέτρῳ Σίμων, καθεύδεις;
38 οὐκ ἴσχυσας μίαν ὥραν γρηγορῆσαι; γρηγορεῖτε καὶ προσεύχεσθε,
ἵνα μὴ εἰσέλθητε εἰς πειρασμόν· τὸ μὲν πνεῦμα πρόθυμον ἡ δὲ σὰρξ
39 ἀσθενής. καὶ πάλιν ἀπελθὼν προσηύξατο τὸν αὐτὸν λόγον εἰπών. ροη/δ
40 καὶ πάλιν ἐλθὼν εὗρεν αὐτοὺς καθεύδοντας, ἦσαν γὰρ αὐτῶν οἱ ροθ/ϛ
ὀφθαλμοὶ καταβαρυνόμενοι, καὶ οὐκ ᾔδεισαν τί ἀποκριθῶσιν αὐτῷ.
41 καὶ ἔρχεται τὸ τρίτον καὶ λέγει αὐτοῖς Καθεύδετε λοιπὸν καὶ ρπ/α

27. σκανδαλισθήσεσθε] A contemporary hand has added in the margin ἐν ἐμοί.

ἀναπαύεσθε· ἦλθεν ἡ ὥρα, ἰδοὺ παραδίδοται ὁ υἱὸς τοῦ ἀνθρώπου
εἰς τὰς χεῖρας τῶν ἁμαρτωλῶν. ἐγείρεσθε ἄγωμεν· ἰδοὺ ὁ παρα- 42
ρπα/α διδούς με ἤγγικεν.   Καὶ εὐθὺς ἔτι αὐτοῦ λαλοῦντος 43
παραγίνεται Ἰούδας εἷς τῶν δώδεκα καὶ μετ' αὐτοῦ ὄχλος μετὰ
μαχαιρῶν καὶ ξύλων παρὰ τῶν ἀρχιερέων καὶ γραμματέων καὶ τῶν
ρπβ/β πρεσβυτέρων. δεδώκει δὲ ὁ παραδιδοὺς αὐτὸν σύσσημον αὐτοῖς 44
λέγων Ὃν ἐὰν φιλήσω οὗτός ἐστιν· κρατήσατε αὐτὸν καὶ ἀπα-
γάγετε ἀσφαλῶς. καὶ ἐλθὼν εὐθὺς προσελθὼν αὐτῷ λέγει Ῥαββί, 45
καὶ κατεφίλησεν αὐτόν. οἱ δὲ ἐπέβαλον τὰς χεῖρας ἐπ' αὐτὸν καὶ 46
ρπγ/α ἐκράτησαν αὐτόν. εἷς δὲ τῶν παρεστηκότων σπασάμενος τὴν 47
μάχαιραν ἔπαισεν τὸν δοῦλον τοῦ ἀρχιερέως Καϊάφα καὶ ἀφεῖλεν
ρπδ/α αὐτοῦ τὸ ὠτάριον. καὶ ἀποκριθεὶς ὁ Ἰησοῦς εἶπεν αὐτοῖς Ὡς 48
ἐπὶ λῃστὴν ἐξήλθατε μετὰ μαχαιρῶν καὶ ξύλων συλλαβεῖν με;
καθ' ἡμέραν ἤμην πρὸς ὑμᾶς ἐν τῷ ἱερῷ διδάσκων καὶ οὐκ ἐκρα- 49
ρπε/β τεῖτέ με· ἀλλ' ἵνα πληρωθῶσιν αἱ γραφαί. καὶ ἀφέντες αὐτὸν 50
ρπϛ/ἰ ἔφυγον πάντες. Καὶ νεανίσκος τις συνηκολούθει αὐτῷ περιβεβλη- 51
μένος σινδόνα ἐπὶ γυμνοῦ, καὶ κρατοῦσιν αὐτόν, ὁ δὲ καταλιπὼν 52
τὴν σινδόνα ἔφυγεν γυμνός.
ρπζ/α   Καὶ ἀπήγαγον τὸν Ἰησοῦν πρὸς τὸν ἀρχιερέα, καὶ συνέρχονται 53
αὐτῷ πάντες οἱ ἀρχιερεῖς καὶ οἱ πρεσβύτεροι καὶ οἱ γραμματεῖς.
ρπη/δ καὶ ὁ Πέτρος μακρόθεν ἠκολούθει αὐτῷ ἕως ἔσω εἰς τὴν αὐλὴν τοῦ 54
ἀρχιερέως, καὶ ἦν συνκαθήμενος μετὰ τῶν ὑπηρετῶν καὶ θερμαινό-
ρπθ/β μενος πρὸς τὸ φῶς. οἱ δὲ ἀρχιερεῖς καὶ ὅλον τὸ συνέδριον ἐζήτουν 55
κατὰ τοῦ Ἰησοῦ μαρτυρίαν εἰς τὸ θανατῶσαι αὐτόν, καὶ οὐχ
ηὕρισκον· πολλοὶ γὰρ ἐψευδομαρτύρουν κατὰ τοῦ Ἰησοῦ, καὶ ἴσαι 56
ρϟ/α αἱ μαρτυρίαι οὐκ ἦσαν. καί τινες ἀναστάντες ἐψευδομαρτύρουν 57
κατ' αὐτοῦ λέγοντες ὅτι Ἡμεῖς ἠκούσαμεν αὐτοῦ λέγοντος ὅτι 58
Ἐγὼ καταλύσω τοῦτον τὸν χειροποίητον τὸν ναὸν καὶ διὰ τριῶν
ἡμερῶν ἄλλον ἀχειροποίητον οἰκοδομήσω· καὶ οὐδὲ οὕτως ἴση ἦν ἡ 59
μαρτυρία αὐτῶν. καὶ ἀναστὰς ὁ ἀρχιερεὺς ἔστη εἰς τὸ μέσον καὶ 60
ἐπηρώτησεν τὸν Ἰησοῦν λέγων Οὐκ ἀποκρίνῃ οὐδὲν ὅ τι οὗτοί
σου καταμαρτυροῦσιν; ὁ δὲ ἐσιώπα καὶ οὐκ ἀπεκρίνατο οὐδέν.
ρϟα/α πάλιν ὁ ἀρχιερεὺς ἐπηρώτα αὐτὸν καὶ λέγει αὐτῷ Σὺ εἶ ὁ Χριστὸς 61
ὁ υἱὸς τοῦ εὐλογημένου; ὁ δὲ Ἰησοῦς εἶπεν Ἐγώ εἰμι, καὶ 62
ὄψεσθε τὸν υἱὸν τοῦ ἀνθρώπου ἐκ δεξιῶν καθήμενον τῆς δυνάμεως
ρϟβ/ϛ καὶ ἐρχόμενον μετὰ τῶν νεφελῶν τοῦ οὐρανοῦ. ὁ δὲ ἀρχιερεὺς 63

Texts from Mount Athos.

διαρρήξας τοὺς χιτῶνας αὐτοῦ λέγει Τί ἔτι χρείαν ἔχομεν μαρ- ρμζ/β
64 τύρων; ἠκούσατε τῆς βλασφημίας; τί ὑμῖν φαίνεται; οἱ δὲ πάντες
65 κατέκριναν αὐτὸν ἔνοχον εἶναι θανάτου. Καὶ ἤρξαντό τινες ἐμ- ρμδ/α
πτύειν αὐτῷ καὶ περικαλύπτειν αὐτοῦ τὸ πρόσωπον καὶ κολαφίζειν
αὐτὸν καὶ λέγειν αὐτῷ Προφήτευσον ἡμῖν. καὶ οἱ ὑπηρέται
66 ῥαπίσμασιν αὐτὸν ἔλαβον. Καὶ ὄντος τοῦ Πέτρου ἐν ρμε/α
67 τῇ αὐλῇ ἔρχεται μία τῶν παιδισκῶν τοῦ ἀρχιερέως, καὶ ἰδοῦσα τὸν
Πέτρον θερμαινόμενον ἐμβλέψασα αὐτῷ λέγει Καὶ σὺ μετὰ τοῦ
68 Ναζαρηνοῦ ἦσθα τοῦ Ἰησοῦ· ὁ δὲ ἠρνήσατο λέγων Οὔτε οἶδα
οὔτε ἐπίσταμαι σὺ τί λέγεις. καὶ ἐξῆλθεν ἔξω εἰς τὸ προαύλιον. ρμϛ/α
69 καὶ ἡ παιδίσκη ἰδοῦσα αὐτὸν ἤρξατο πάλιν λέγειν τοῖς παρεστῶσιν
70 ὅτι Οὗτος ἐξ αὐτῶν ἐστίν. ὁ δὲ πάλιν ἠρνεῖτο. καὶ μετὰ
μικρὸν οἱ παρεστῶτες ἔλεγον τῷ Πέτρῳ Ἀληθῶς ἐξ αὐτῶν
71 εἶ, καὶ γὰρ Γαλιλαῖος εἶ· ὁ δὲ ἤρξατο ἀναθεματίζειν καὶ ὀμνύειν
72 ὅτι Οὐκ οἶδα τὸν ἄνθρωπον τοῦτον ὃν λέγετε. καὶ ἐκ δευτέρου ρμζ/β
ἀλέκτωρ ἐφώνησεν· καὶ ἀνεμνήσθη ὁ Πέτρος τὸ ῥῆμα ὡς εἶπεν
αὐτῷ Ἰησοῦς ὅτι Πρὶν ἀλέκτορα φωνῆσαι δὶς τρίς με ἀπαρνήσῃ,
καὶ ἐπιβαλὼν ἔκλαιεν.

XV Καὶ εὐθὺς πρωῒ συμβούλιον ποιήσαντες οἱ ἀρχιερεῖς μετὰ τῶν ρμη/β
πρεσβυτέρων καὶ γραμματέων καὶ ὅλον τὸ συνέδριον δήσαντες τὸν ρμθ/α
2 Ἰησοῦν ἀπήνεγκαν καὶ παρέδωκαν Πιλάτῳ. καὶ ἐπηρώτησεν αὐτὸν
ὁ Πιλᾶτος Σὺ εἶ ὁ βασιλεὺς τῶν Ἰουδαίων; ἀποκριθεὶς σ/α
3 αὐτῷ λέγει Σὺ λέγεις. καὶ κατηγόρουν αὐτοῦ οἱ ἀρχιερεῖς πολλά, σα/α
4 αὐτὸς δὲ οὐδὲν ἀπεκρίνατο. ὁ δὲ Πιλᾶτος πάλιν ἐπηρώτα αὐτὸν
5 λέγων Οὐκ ἀποκρίνῃ οὐδέν; ἴδε πόσα σου κατηγοροῦσιν. ὁ δὲ
Ἰησοῦς οὐκέτι οὐδὲν ἀπεκρίθη, ὥστε θαυμάζειν τὸν Πιλᾶτον.
6 Κατὰ δὲ ἑορτὴν ἀπέλυεν αὐτοῖς ἕνα δέσμιον ὅνπερ ᾐτοῦντο. ἦν σβ/β
7 δὲ ὁ λεγόμενος Βαραββᾶς μετὰ τῶν στασιαστῶν δεδεμένος οἵτινες σγ/δ
8 ἐν τῇ στάσει φόνον πεποιήκασιν. καὶ ἀναβοήσας ὁ ὄχλος ἤρξατο
9 αἰτεῖσθαι καθὼς ἐποίει αὐτοῖς. ὁ δὲ Πιλᾶτος ἀπεκρίθη αὐτοῖς
10 λέγων Θέλετε ἀπολύσω ὑμῖν τὸν βασιλέα τῶν Ἰουδαίων; ἐγί-
νωσκεν γὰρ ὅτι διὰ φθόνον παραδεδώκεισαν αὐτὸν οἱ ἀρχιερεῖς.
11 οἱ δὲ ἀρχιερεῖς ἀνέσεισαν τὸν ὄχλον ἵνα μᾶλλον τὸν Βαραββᾶν σδ/α
12 ἀπολύσῃ αὐτοῖς. ὁ δὲ Πιλᾶτος πάλιν ἀποκριθεὶς εἶπεν αὐτοῖς σε/α

---

68. A contemporary or slightly later hand adds in the margin καὶ ἀλέκτωρ ἐφώνησεν.   2. Ἰουδαίων is written *in rasura*.

Τί οὖν ποιήσω ὃν λέγετε τὸν βασιλέα τῶν Ἰουδαίων; οἱ δὲ 13
πάλιν ἔκραξαν Σταύρωσον αὐτόν. ὁ δὲ Πιλᾶτος ἔλεγεν Τί 14
γὰρ ἐποίησεν κακόν; οἱ δὲ περισσῶς ἔκραξαν Σταύρωσον αὐτόν.

$\frac{σε}{α}$ ὁ δὲ Πιλᾶτος βουλόμενος τῷ ὄχλῳ τὸ ἱκανὸν ποιῆσαι ἀπέλυσεν 15
αὐτοῖς τὸν Βαραββᾶν, καὶ παρέδωκεν τὸν Ἰησοῦν φραγελλώσας
ἵνα σταυρωθῇ.

$\frac{σϛ}{δ}$ Οἱ δὲ στρατιῶται ἀπήγαγον αὐτὸν ἔσω τῆς αὐλῆς, ὅ ἐστιν πραι- 16
τώριον, καὶ συνκαλοῦσιν ὅλην τὴν σπεῖραν. καὶ ἐνδιδύσκουσιν 17
αὐτὸν πορφύραν καὶ περιτιθέασιν αὐτῷ πλέξαντες ἀκάνθινον
στέφανον· καὶ ἤρξαντο αὐτὸν ἀσπάζεσθαι Χαῖρε, βασιλεῦ τῶν 18
Ἰουδαίων· καὶ ἔτυπτον αὐτοῦ τὴν κεφαλὴν καλάμῳ καὶ ἐνέπτυον 19
$\frac{ση}{ϛ}$ αὐτῷ, καὶ τιθέντες τὰ γόνατα προσεκύνουν αὐτῷ. καὶ ὅτε ἐνέ- 20
παιξαν αὐτῷ, ἐξέδυσαν αὐτὸν τὴν πορφύραν καὶ ἐνέδυσαν αὐτὸν τὰ
$\frac{σθ}{α}$ ἱμάτια αὐτοῦ. Καὶ ἐξάγουσιν αὐτὸν ἔξω ἵνα σταυρώσω-
σιν αὐτόν· καὶ ἀγγαρεύουσιν παράγοντά τινα Σίμωνα Κυρηναῖον 21
ἐρχόμενον ἀπ' ἀγροῦ, τὸν πατέρα Ἀλεξάνδρου καὶ Ῥούφου, ἵνα
$\frac{σι}{α}$ ἄρῃ τὸν σταυρὸν αὐτοῦ. καὶ φέρουσιν αὐτὸν ἐπὶ τὸν Γολγοθᾶν 22
$\frac{σια}{α}$ τόπον, ὅ ἐστιν μεθερμηνευόμενον Κρανίου Τόπος. καὶ δίδωσιν αὐτῷ 23
$\frac{σιβ}{α}$ ἐσμυρνισμένον οἶνον, ὁ δὲ οὐκ ἔλαβεν. καὶ σταυροῦσιν αὐτὸν καὶ 24
διαμερίζονται τὰ ἱμάτια αὐτοῦ, βάλλοντες κλῆρον ἐπ' αὐτὰ τίς τί
$\frac{σιγ}{ι}$ $\frac{σιδ}{α}$ ἄρῃ. ἦν δὲ ὥρα τρίτη καὶ ἐσταύρωσαν αὐτόν. καὶ ἦν ἡ ἐπιγραφὴ $\frac{25}{26}$
τῆς αἰτίας αὐτοῦ γεγραμμένη Ὁ βασιλεὺς τῶν Ἰουδαίων. Καὶ
$\frac{σιε}{α}$ σὺν αὐτῷ σταυροῦσιν δύο λῃστάς, ἕνα ἐκ δεξιῶν καὶ ἕνα ἐξ 27
$\frac{σιϛ}{η}$ εὐωνύμων αὐτοῦ. Καὶ οἱ παραπορευόμενοι ἐβλασφήμουν αὐτὸν 29
κινοῦντες τὰς κεφαλὰς αὐτῶν καὶ λέγοντες Ὁ καταλύων τὸν ναὸν
καὶ οἰκοδομῶν ἐν τρισὶν ἡμέραις, σῶσον σεαυτὸν καταβὰς ἀπὸ τοῦ 30
$\frac{σιζ}{ϛ}$ σταυροῦ. ὁμοίως καὶ οἱ ἀρχιερεῖς ἐμπαίζοντες πρὸς ἀλλήλους 31
μετὰ τῶν γραμματέων ἔλεγον Ἄλλους ἔσωσεν, ἑαυτὸν οὐ δύναται
σῶσαι· ὁ Χριστὸς ὁ βασιλεὺς Ἰσραὴλ καταβάτω νῦν ἀπὸ τοῦ 32
$\frac{σιη}{β}$ σταυροῦ, ἵνα ἴδωμεν καὶ πιστεύσωμεν. καὶ οἱ συνεσταυρωμένοι
$\frac{σιθ}{β}$ μετ' αὐτοῦ ὠνείδιζον αὐτόν. Καὶ γενομένης ὥρας ἕκτης 33
$\frac{σκ}{β}$ σκότος ἐγένετο ἐφ' ὅλην τὴν γῆν ἕως ὥρας ἐνάτης. καὶ τῇ ἐνάτῃ 34
ὥρᾳ ἐβόησεν ὁ Ἰησοῦς φωνῇ μεγάλῃ Ἐλωί, ἐλωί, λεμὰ σαβαχθανι;
$\frac{σκα}{β}$ ὅ ἐστιν μεθερμηνευόμενον Ὁ θεός μου, ὁ θεός μου, εἰς τί
$\frac{σκβ}{β}$ ἐγκατέλιπές με; καί τινες τῶν παρεστηκότων ἀκούσαντες ἔλεγον 35
Ἴδε Ἠλίαν φωνεῖ. δραμὼν δέ τις γεμίσας σπόγγον ὄξους περι-

Texts from Mount Athos.

θεὶς καλάμῳ ἐπότιζεν αὐτόν, λέγων Ἄφετε ἴδωμεν εἰ ἔρχεται $\frac{σκγ}{α}$
37 Ἠλίας καθελεῖν αὐτόν. ὁ δὲ Ἰησοῦς ἀφεὶς φωνὴν μεγάλην
38 ἐξέπνευσεν. Καὶ τὸ καταπέτασμα τοῦ ναοῦ ἐσχίσθη εἰς δύο ἀπ' $\frac{σκδ}{β}$
39 ἄνωθεν ἕως κάτω. Ἰδὼν δὲ ὁ κεντυρίων ὁ παρεστηκὼς ἐξ ἐναν- $\frac{σκε}{β}$
τίας αὐτοῦ ὅτι οὕτως ἐξέπνευσεν εἶπεν Ἀληθῶς οὗτος ὁ ἄνθρωπος
40 υἱὸς θεοῦ ἦν. Ἦσαν δὲ καὶ γυναῖκες ἀπὸ μακρόθεν θεωροῦσαι, ἐν $\frac{σκϛ}{ϛ}$
αἷς ἦν καὶ Μαριὰμ ἡ Μαγδαληνὴ καὶ Μαρία ἡ Ἰακώβου τοῦ μικροῦ
41 καὶ ἡ Ἰωσῆ μήτηρ καὶ Σαλώμη, αἳ ὅτε ἦν ἐν τῇ Γαλιλαίᾳ ἠκολού-
θουν καὶ διηκόνουν αὐτῷ, καὶ ἄλλαι πολλαὶ συναναβᾶσαι αὐτῷ
εἰς Ἱεροσόλυμα.

42 Καὶ ἤδη ὀψίας γενομένης, ἐπεὶ ἦν παρασκευή, ὅ ἐστιν προσάβ- $\frac{σκζ}{α}$
43 βατον, ἐλθὼν Ἰωσὴφ ὁ ἀπὸ Ἁριμαθαίας εὐσχήμων βουλευτής, ὃς
καὶ αὐτὸς ἦν προσδεχόμενος τὴν βασιλείαν τοῦ θεοῦ, τολμήσας
εἰσῆλθεν πρὸς τὸν Πιλᾶτον καὶ ᾐτήσατο τὸ σῶμα τοῦ Ἰησοῦ.
44 ὁ δὲ Πιλᾶτος ἐθαύμασεν εἰ ἤδη τέθνηκεν, καὶ προσκαλεσάμενος τὸν
45 κεντυρίωνα ἐπηρώτησεν αὐτὸν εἰ πάλαι ἀπέθανεν· καὶ γνοὺς ἀπὸ
46 τοῦ κεντυρίωνος ἐδωρήσατο τὸ σῶμα τῷ Ἰωσήφ. καὶ ἀγοράσας $\frac{ρκη}{α}$
σινδόνα καθελὼν αὐτὸν ἐνείλισεν τῇ σινδόνι καὶ ἔθηκεν αὐτὸν ἐν
μνημείῳ ὃ ἦν λελατομημένον ἐκ πέτρας, καὶ προσεκύλισεν λίθον
47 ἐπὶ τὴν θύραν τοῦ μνημείου. Ἡ δὲ Μαρία ἡ Μαγδαληνὴ καὶ $\frac{ρκθ}{β}$
Μαρία ἡ Ἰωσῆτος ἐθεώρουν ποῦ τέθειται.

XVI Καὶ διαγενομένου τοῦ σαββάτου Μαρία ἡ Μαγδαληνὴ καὶ $\frac{ρλ}{η}$
Μαρία ἡ Ἰακώβου καὶ Σαλώμη ἠγόρασαν ἀρώματα ἵνα ἐλθοῦσαι
2 ἀλείψωσιν αὐτόν. καὶ λίαν πρωὶ τῇ μιᾷ τῶν σαββάτων $\frac{ρλα}{α}$
3 ἔρχονται ἐπὶ τὸ μνημεῖον ἀνατείλαντος τοῦ ἡλίου. καὶ ἔλεγον
πρὸς ἑαυτάς, Τίς ἀποκυλίσει ἡμῖν τὸν λίθον ἀπὸ τῆς θύρας
4 τοῦ μνημείου; καὶ ἀναβλέψασαι θεωροῦσιν ὅτι ἀποκεκύλισται
5 ὁ λίθος, ἦν γὰρ μέγας σφόδρα. καὶ εἰσελθοῦσαι εἰς τὸ μνη-
μεῖον ἴδον νεανίσκον καθήμενον ἐν τοῖς δεξιοῖς περιβεβλημένον
6 στολὴν λευκήν, καὶ ἐξεθαμβήθησαν. ὁ δὲ λέγει αὐταῖς Μὴ $\frac{ρλβ}{β}$
ἐκθαμβεῖσθε· Ἰησοῦν ζητεῖτε τὸν Ναζαρηνὸν τὸν ἐσταυρωμένον·
7 ἠγέρθη, οὐκ ἔστιν ὧδε· ἴδε ὁ τόπος ὅπου ἔθηκαν αὐτόν· ἀλλὰ

At the top of f. 14 is κ (υ suprascr.) Γ ᾰπο του πασ (χ suprascr.) ῃ τ (ω suprascr.) παθῶν εὐαγγ (ε suprascr.) and v. 43 ἐλθὼν is marked ἀρ (χ suprascr.) in the margin. At the end of v. 47 is noted τ (ε suprascr.) τ (ω suprascr.) πα (θ suprascr.). At the beginning of xvi. 1, is ἀρ (χ suprascr.), and in the margin εὐαγγ (ε suprascr.) ἐω (θ suprascr.) ἀνασ (τ suprascr.).

ὑπάγετε εἴπατε τοῖς μαθηταῖς αὐτοῦ καὶ τῷ Πέτρῳ ὅτι Προάγει
ὑμᾶς εἰς τὴν Γαλιλαίαν· ἐκεῖ αὐτὸν ὄψεσθε, καθὼς εἶπεν ὑμῖν.

ρλγ / γ

καὶ ἐξελθοῦσαι ἔφυγον ἀπὸ τοῦ μνημείου, εἶχεν γὰρ αὐτὰς τρόμος 8
καὶ ἔκστασις· καὶ οὐδενὶ οὐδὲν εἶπον, ἐφοβοῦντο γάρ· πάντα δὲ
τὰ παρηγγελμένα τοῖς περὶ τὸν Πέτρον συντόμως ἐξήγγειλαν·
Μετὰ δὲ ταῦτα καὶ αὐτὸς Ἰησοῦς ἐφάνη ἀπὸ ἀνατολῆς καὶ μέχρι
δύσεως ἐξαπέστειλεν δι' αὐτῶν τὸ ἱερὸν καὶ ἄφθαρτον κήρυγμα
τῆς αἰωνίου σωτηρίας, ἀμήν.

       ἔστιν καὶ ταῦτα φερόμενα
       μετὰ τὸ ἐφοφοῦντο γάρ·

Ἀναστὰς δὲ πρωὶ πρώτῃ σαββάτου ἐφάνη πρῶτον Μαρίᾳ τῇ 9
Μαγδαληνῇ, παρ' ἧς ἐκβεβλήκει ἑπτὰ δαιμόνια. ἐκείνη πορευ- 10
θεῖσα ἀπήγγειλεν τοῖς μετ' αὐτοῦ γενομένοις πενθοῦσι καὶ κλαίουσιν·
ἐκεῖνοι ἀκούσαντες ὅτι ζῇ καὶ ἐθεάθη ὑπ' αὐτῆς ἠπίστησαν. Μετὰ 11
δὲ ταῦτα δυσὶν ἐξ αὐτῶν περιπατοῦσιν ἐφανερώθη ἐν ἑτέρᾳ μορφῇ 12
πορευομένοις εἰς ἀγρόν· κἀκεῖνοι ἀπελθόντες ἀπήγγειλαν τοῖς 13
λοιποῖς· οὐδὲ ἐκείνοις ἐπίστευσαν. Ὕστερον ἀνακειμένοις αὐτοῖς 14
τοῖς ἕνδεκα ἐφανερώθη, καὶ ὠνείδισεν τὴν ἀπιστίαν αὐτῶν καὶ
σκληροκαρδίαν ὅτι τοῖς θεασαμένοις αὐτὸν ἐγηγερμένον οὐκ ἐπί-
στευσαν. καὶ εἶπεν αὐτοῖς Πορευθέντες εἰς τὸν κόσμον ἅπαντα 15
κηρύξατε τὸ εὐαγγέλιον πάσῃ τῇ κτίσει. ὁ πιστεύσας καὶ βα- 16
πτισθεὶς σωθήσεται, ὁ δὲ ἀπιστήσας κατακριθήσεται. σημεῖα δὲ 17
τοῖς πιστεύσασιν ἀκολουθήσει ταῦτα, ἐν τῷ ὀνόματί μου δαιμόνια
ἐκβαλοῦσιν, γλώσσαις λαλήσουσιν, καὶ ἐν ταῖς χερσὶν ὄφεις 18
ἀροῦσιν κἂν θανάσιμόν τι πίωσιν οὐ μὴ αὐτοὺς βλάψει, ἐπὶ
ἀρρώστους χεῖρας ἐπιθήσουσιν καὶ καλῶς ἕξουσιν. Ὁ μὲν οὖν 19
κύριος μετὰ τὸ λαλῆσαι αὐτοῖς ἀνελήφθη εἰς τὸν οὐρανὸν καὶ
ἐκάθισεν ἐκ δεξιῶν τοῦ θεοῦ. ἐκεῖνοι δὲ ἐξελθόντες ἐκήρυξαν 20
πανταχοῦ, τοῦ κυρίου συνεργοῦντος καὶ τὸν λόγον βεβαιοῦντος διὰ
τῶν ἐπακολουθούντων σημείων. ἀμήν.

       ΕΥΑΓΓΕΛΙΟΝ ΚΑΤΑ ΜΑΡΚΟΝ

8. τ (ε suprascr.) is added after γάρ.
9. In the margin is written αναστασιμ (ο suprascr.) ἰωθιν (ο suprascr.) αρ (χ suprascr.). There is no corresponding τέλος.

III. THE TEXT OF COD. Ψ IN ST. LUKE AND ST. JOHN AND COLOSSIANS.

As the text of cod. Ψ is much less interesting in these Gospels than it is in the fragment which remains of St. Mark, it has been thought sufficient to give a collation of the text of the codex with Lloyd's reprint of the text of Stephanus, ed. 1550. It will be seen that there are a fair number of variants, but that few of them are of first-rate importance.

ST. LUKE.

I 1 παρέδωσαν 3 ἄνωθεν om. 5 ante βασιλέως om. τοῦ καὶ γυνὴ αὐτῷ 6 ἐναντίον pro ἐνώπιον 7 ἦν ante ἡ 9 Θεοῦ pro Κυρίου 10 ἦν τοῦ λαοῦ 15 Θεοῦ pro Κυρίου 20 ἄχρις ἧς 21 αὐτὸν post ναῷ 25 οὕτως 26 ἀπὸ pro ὑπὸ 28 ὁ ἄγγελος om. εὐλογημένη σὺ ἐν γυναιξίν om. 29 ἡ δὲ ἐπὶ τοῦ λόγου διεταράχθη διελογίζετο ἐν ἑαυτῇ λέγουσα 36 γήρει. 38 Μαρία 39 ὀρινὴν 41 ἡ Ἐλισάβετ post Μαρίας 50 γενεὰν καὶ γενεὰν 55 ἕως αἰῶνος 56 ὡς pro ὡσεὶ 61 ἐκ τῆς συγγενείας 65 ὀρινῇ 66 ἀκούοντες 75 τῆς ζωῆς om. 78 ἡμῶν pro αὐτῶν

II 3 ἑαυτοῦ pro ἰδίαν 4 Ναζαρὲθ 8 τῇ ποίμνῃ 9 Θεοῦ pro Κυρίου 12 καὶ κείμενον ἐν φάτνῃ 18 ἀκούοντες 20 ὑπέστρεψαν ἴδον 21 αὐτὸν pro τὸ παιδίον 22 Μωυσέως 25 ἦν ἅγιον 26 πρὶν ἢ ἂν 30 ἴδον 35 δὲ om. 36 ἔτη post μετὰ ἀνδρὸς 37 ἕως pro ὡς 38 αὕτη om. 39 ἑαυτῶν Ναζαρέθ 40 σοφίᾳ 51 Ναζαράθ

III 1 δὲ om. Ἀβιδινῆς 2 ἐπὶ ἀρχιερέως 8 δόξητε pro ἄρξησθε 12 εἶπαν 14 ποιήσωμεν 23 ἀρχόμενος τριάκοντα 24 υἱὸς ante ὡς ἐνομίζετο Ἡλεί 25 Ἐσλίμ 26 Σεμεεί 27 Ἰωανάν 32 Ἰωβήδ 33 Ἀράμ, τοῦ Ἰωράμ 34 Θάρρα 35 Σερούχ 37 Ἰαρέθ

IV 1 πλήρης ante πνεύματος 4 ὁ supra lineam 6 καὶ ᾧ ἐὰν θέλω δίδωμι αὐτὴν om. 7 πᾶσα pro πάντα 8 ὁ Ἰησοῦς

124 Studia Biblica et Ecclesiastica.

εἶπεν 9 ante υἱὸς om. ὁ 12 ὁ Ἰησοῦς εἶπεν αὐτῷ 16 Ναζαρέθ
17 τοῦ προφήτου Ἡσαίου 18 εἵνεκεν εὐαγγελίσασθαι 20 οἱ
ὀφθαλμοὶ ἐν τῇ συναγωγῇ 22 οὐχὶ 23 γενάμενα Καφαρναούμ
25 ὅτι πολλαὶ 26 Σάρεφθα τῆς Σιδωνίας 27 ἐν τῷ Ἰσραὴλ
ante ἐπὶ Ναιμὰν 29 τῆς 2° om. 33 λέγον 35 εἰς
μέσον 38 ἡ om. 42 ἐπεζήτουν 44 εἰς τὰς συναγωγὰς

V 2 ἴδεν πλοιάρια 5 χαλάσωμεν 6 πλῆθος ἰχθύων
7 τοῖς 2° om. ἐπλήσθησαν 14 Μωυσῆς ἐπ' αὐτούς pro
αὐτοῖς 19 ante ποίας om. διὰ 20 ἀφέονται 21 εἰς
pro μόνος 23 ἔγειρε 24 παραλυτικῷ ἔγειρε 26 ἴδομεν
28 πάντα pro ἅπαντα 29 ante Λευῒς om. ὁ πολὺς τελωνῶν
30 τῶν τελωνῶν 31 ἰσχύοντες pro ὑγιαίνοντες 36 σχίσει
συμφωνήσει ἐπίβλημα om. 37 ὁ οἶνος ὁ νέος

VI 3 ὁ Ἰησοῦς ante πρὸς ὅτε pro ὁπότε 5 εἶπεν αὐτοῖς ὁ
Ἰησοῦς 7 παρετηροῦντο αὐτὸν om. ante σαββάτῳ om. τῷ
θεραπεύει κατηγορήσωσιν pro εὕρωσι κατηγορίαν 8 ἔγειρε
καὶ pro ὁ δὲ 9 ὑμᾶς τι, pro ὑμᾶς, τί 10 εἶπεν αὐτῷ pro
εἶπε τῷ ἀνθρώπῳ οὕτω om. ἀπεκατεστάθη ὑγιὴς om.
11 ἐλάλουν pro διελάλουν 17 ὁ ὄχλος 18 καὶ 2° om. 19 ἐξή-
τουν 23 χάρητε τὰ αὐτὰ pro ταῦτα 26 τὰ αὐτὰ pro
ταῦτα 27 ἀλλὰ 28 καὶ om. 34 γὰρ οἱ om.
35 τοῦ om. 36 ἵνα pro καὶ οὐ 44 σταφυλὰς τρυγῶσι
45 ἄνθρωπος 2° om. τοῦ 3° om. τῆς 2° om.

VII 1 Καπαρναούμ 2 ἔμελλεν 3 οὗτος ἀκούσας περὶ
4 παρέξῃ τούτῳ 6 φίλους ὁ ἑκατοντάρχης μου ante ὑπὸ
7 ἀλλὰ μόνον 10 εἰς τὸν οἶκον οἱ πεμφθέντες 12 μονο-
γενὴς υἱὸς ἦν om. 13 ἐπ' αὐτὴν 17 ante πάσῃ om. ἐν
19 ἕτερον pro ἄλλον 20 ἕτερον pro ἄλλον 21 δὲ om.
22 ὅτι om. καὶ χωλοὶ 27 οὗτος γὰρ 28 γὰρ om.
τοῦ βαπτιστοῦ om. 31 εἶπε δὲ ὁ Κύριος om. 35 πάντων om.
38 ὀπίσω ante παρὰ τοῖς δάκρυσι ante ἤρξατο τῆς κεφαλῆς om.
ἐξέμαξεν 41 χρεοφειλέται 42 ἀγαπήσει αὐτόν 44 μοι
ἐπὶ τοὺς πόδας τῆς κεφαλῆς om. 47 ἀφέονται 48 ἀφέονταί

VIII 2 Μαριὰμ 8 καλὴν pro ἀγαθήν 13 τὸν λόγον ante
μετὰ χαρᾶς 16 λυχνίαν 17 μὴ γνωσθῇ pro οὐ γνωσθήσεται
21 αὐτόν om. 23 συνεπληροῦτο 24 ἐπαύσατο γαλήνη
μεγάλη 25 ἐστιν 1° om. πρὸς ἀλλήλους λέγοντες 26 ἀντί-
περα 27 αὐτῷ 2° om. 29 παρήγγειλεν ἐδεσμεύετο δαι-
μονίου pro δαίμονος 30 ὄνομά ἐστιν 33 εἰσῆλθον 34 ἀπελ-
θόντες om. 39 σοι ἐποίησεν 43 ἰατροῖς pro εἰς ἰατροὺς βίον
αὐτῆς 44 ὄπισθεν om. 45 τίς μου ἥψατο pro τίς ἁψάμενός

Texts from Mount Athos. 125

μου 2⁰   **47** αὐτῷ 2⁰ om.   **51** ἐλθὼν   Ἰωάννην καὶ Ἰάκωβον   **54** ἔγειρε

IX 1 ἀποστόλους *pro* μαθητὰς αὐτοῦ   **2** ἀσθενεῖς   **3** ῥάβδον   **5** δέχωνται   καὶ 2⁰ om.   **7** γενόμενα   **8** τις *pro* εἰς   **10** πάντα ὅσα   ἔρημον πόλεως om. et καλούμενον *pro* καλουμένης   **11** ἀποδεξάμενος   **16** ηὐλόγησεν   παραθεῖναι   **17** πάντες *ante* καὶ ἐχορτάσθησαν   ἦραν *pro* ἤρθη sed non κοφίνους   **20** Πέτρος sine ὁ   **24** ἐὰν *pro* ἂν   **25** ὠφελήσει   **27** ἑστώτων γεύσωνται   **30** Μωυσῆς   **31** ἤμελλε   **33** Πέτρος sine ὁ σοὶ μίαν   Μωσῆ   Ἠλίᾳ μίαν   **35** ὁ ἀγαπητός, ἐν ᾧ ηὐδόκησα   **36** Ἰησοῦς sine ὁ   **38** ἐβόησεν   διδάσκαλε om. ἐπιβλέψαι   **40** αὐτὸ ἐκβάλωσιν   **41** ἕως πότε *pro* καὶ 2⁰ μοι τὸν υἱόν σου ὧδε   **43** εἶπεν δὲ   **46** τίς αὐτῶν δοκεῖ εἶναι μείζων   **48** ἂν *pro* ἐὰν bis   οὕτως *pro* οὗτος   **49** ἐν *pro* ἐπὶ   τὰ. om.   **50** ὑμῶν bis   **55** καὶ εἶπεν ... σῶσαι   **57** ἐὰν *pro* ἂν   **62** ὁ Ἰησοῦς πρὸς αὐτὸν

X 1 ἤμελλεν   **2** ἐκβάλῃ   **4** βαλλάντιον   **6** μὲν om.   **8** δ' om.   **13** Χοραζείν   καθήμενοι   **14** ἡμέρᾳ ἐκείνῃ *pro* κρίσει   **21** εὐδοκία ἐγένετο   **22** μοι παρεδόθη   **24** ἴδον   **32** τὸν αὐτὸν τόπον   **35** αὐτῷ om.   **36** πλησίον δοκεῖ σοι   **39** Μαριάμ   **42** Μαρία γὰρ

XI 4 ἀφίομεν   παντὶ τῷ   **5** ἐρεῖ *pro* εἴπῃ   **8** φίλον αὐτοῦ   **11** ἢ *pro* εἰ   **13** *ante* ἐξ οὐρανοῦ om. ὁ   **15** τῷ ἄρχοντι   **17** μερισθεῖσα καθ' ἑαυτὴν   **19** αὐτοὶ *ante* κριταὶ   **23** σκορπίζει με   **25** σχολάζοντα σεσαρωμένον   **31** Σολωμῶνος bis   **34** καὶ 1⁰ om.   **36** τι om.   **41** ἅπαντα *pro* πάντα   **42** ἀλλὰ   **50** ἐκδικηθῇ *pro* ἐκζητηθῇ   **54** αὐτὸν καὶ om.

XII 4 ἀποκτεινόντων   **5** ἔχοντα ἐξουσίαν   *ante* γέενναν om. τὴν   **6** πωλοῦνται   **8** ἐὰν *pro* ἂν   **11** μεριμνήσητε   **15** αὐτῷ *pro* αὐτοῦ 2⁰   **16** ηὐφόρησεν   **28** σήμερον ἐν ἀγρῷ ὄντα   **29** πίετε   **31** αὐτοῦ *pro* τοῦ Θεοῦ   **32** ηὐδόκησεν   **33** βαλλάντια   **37** ὁ κύριος ἐλθὼν   **39** ὀρυγῆναι τὴν οἰκίαν   **40** οὖν om.   **42** ὁ *pro* καὶ   δοῦναι   **47** αὐτοῦ *pro* ἑαυτοῦ   ἢ *pro* μηδὲ   **49** ἐπὶ *pro* εἰς   **53** ἐπὶ *pro* ἐφ'   **54** νεφέλην sine τὴν   λέγετε ὅτι   **56** τοῦ οὐρανοῦ καὶ τῆς γῆς   **58** βάλῃ

XIII 1 Πιλᾶτος hoc accentu, et sic passim   **2** ὑπὲρ *pro* παρὰ   **3** πάντως *pro* πάντες   **4** δεκαοκτὼ   **6** πεφυτευμένην *ante* ἐν τῷ   **7** ἔκκοψον οὖν   **8** κόπρια   **11** δεκαοκτὼ   **18** οὖν *pro* δὲ   **19** αὐτοῦ *pro* ἑαυτοῦ   **20** καὶ om.   **26** ἄρξησθε   **27** *ante* ἐργάται om. οἱ   **29** *ante* βορρᾶ om. ἀπὸ   **34** ἀποκτέννουσα   **35** λέγω δὲ *pro* ἀμὴν δὲ λέγω

XIV 1 σαββάτων pro σαββάτῳ 3 εἰ om. 7 κεκλιμένους
10 ἀνάπεσε 12 ἀνταπόδομά σοι 18 πάντες παραιτεῖσθαι
ἐξελθὼν ἰδεῖν 21 ἐκεῖνος om. 23 μου ὁ οἶκος 26 μου εἶναι
μαθητής 28 εἰς pro τὰ πρὸς 29 αὐτῷ om. 31 συμβαλεῖν
post βασιλεῖ 32 πόρρω αὐτοῦ 33 εἶναί μου 34 δὲ καὶ

XV 1 αὐτῷ ἐγγίζοντες 4 ἐνενήκοντα ἐννέα ἕως οὗ
7 ἔσται post ἐν τῷ οὐρανῷ 9 συγκαλεῖ 14 τοῦ ὑστερεῖσθαι
17 ἔφη pro εἶπε λιμῷ ὧδε 19 καὶ om. 20 οὐ μακρὰν
22 ante στολὴν om. τὴν 23 ἐνεγκόντες 24 ἦν 2^0 om. 26 τοῦτο
pro ταῦτα 28 ἠθέλησεν 32 καὶ 3^0 om. ἦν 2^0 om.

XVI 5 αὐτοῦ pro ἑαυτοῦ 6 βάδους pro βάτους τὰ γράμ-
ματα 7 τὰ γράμματα 9 ἐκλίπῃ 12 δώσει ὑμῖν
14 καὶ 1^0 om. 15 ἐστιν om. 20 ἦν om. ὃς om. εἱλκω-
μένος 22 τοῦ om. 26 ἔνθεν pro ἐντεῦθεν 29 λέγει δὲ
Μωυσέα 30 μετανοήσωσι 31 Μωυσέως ἂν pro ἐάν

XVII 1 πλὴν οὐαὶ pro οὐαὶ δὲ 2 ἕνα post τούτων 3 δὲ om.
4 ἁμαρτήσῃ τῆς ἡμέρας 2^0 om. πρός σε pro ἐπί σε 6 ἔχετε
pro εἴχετε 7 εὐθέως om. 9 ἔχει χάριν αὐτῷ om. 10 ὅτι 2^0 om.
20 ἐπερωτιθεὶς 24 ὑπὸ τὸν οὐρανὸν καὶ om. 27 ἐγαμί-
ζοντο καὶ οὐκ ἔγνωσαν ἕως pro καὶ 1^0 28 καθὼς pro καὶ ὡς
30 τὰ αὐτὰ pro ταῦτα 33 ὃς δ' ἂν pro καὶ ὃς ἐὰν αὐτήν 2^0 om.
ζωοποιήσει pro ζωογονήσει 34 εἷς pro ὁ εἷς 35 ἀλιθοῦσαι

XVIII 1 προσεύχεσθαι αὐτοὺς 4 ἤθελεν 7 αὐτῷ pro
πρὸς αὐτὸν μακροθυμεῖ 11 ταῦτα πρὸς ἑαυτὸν ὡς pro ὥσπερ
13 εἰς 2^0 om. 14 ἢ γὰρ ἐκεῖνος καὶ ὁ pro ὁ δὲ 18 αὐτόν τις
20 σου 2^0 om. 24 εἰσελεύσονται post θεοῦ 25 εἰσελ-
θεῖν 2^0 om. 27 ἐστι post θεῷ 29 ἀδελφούς, ἢ ἀδελφάς
33 τῇ τρίτῃ ἡμέρᾳ 39 σιγήσῃ pro σιωπήσῃ 42 αὐτῷ litteris
minoribus supra lineam scriptum est

XIX 1 ἄρχων τῆς συναγωγῆς ὑπῆρχεν pro ἦν ἀρχιτελώνης καὶ
οὗτος ἦν πλούσιος om. 4 προσδραμὼν συκομοραίαν 5 καὶ
ἰδὼν αὐτὸν εἶπε 8 τοῖς πτωχοῖς δίδωμι 11 εἶναι αὐτὸν
13 ἐν ᾧ pro ἕως 15 τίς om. διεπραγματεύσαντο 22 δὲ om.
23 μου τὸ ἀργύριον ἐπὶ τράπεζαν ἂν om. αὐτὸ ἔπραξα
34 εἶπον ὅτι 35 ἐπιρίψαντες 42 σου 2^0 om. 43 παρεμ-
βαλοῦσιν 44 λίθον ἐπὶ λίθον 46 γέγραπται ὅτι

XX 1 ἐκείνων om. 2 σοὶ ἔδωκεν pro ἐστιν ὁ δούς σοι 6 πεπει-
σμένον 11 ἕτερον πέμψαι 12 τρίτον πέμψαι δοῦλον 14 δεῦτε om.
16 εἶπαν 24 εἶπαν 27 οἵτινες λέγουσι pro οἱ ἀντιλέγοντες
28 ᾗ pro ἀποθάνῃ 33 ἔσται pro γίνεται 39 εἶπαν 40 γὰρ
pro δὲ 46 ἐν στολαῖς περιπατεῖν 47 οἱ κατεσθίοντες

Texts from Mount Athos.

XXI 1 ἴδεν τὰ δῶρα αὐτῶν *post* γαζοφυλάκιον 2 καὶ 1° *om.* λεπτὰ δύο 3 πλείω *pro* πλεῖον 5 ἀναθέμασιν 6 ἃ *suprascriptum* λίθον *pro* λίθῳ οὐ μὴ καταλυθῇ 8 οὖν *om.* 10 ἐπ' 12 πάντων *pro* ἁπάντων ἀπαγομένους 14 θέτε *pro* θέσθε ἐν ταῖς καρδίαις 23 τῷ λαῷ *pro* ἐν τῷ λαῷ τούτῳ 24 τὰ ἔθνη πάντα 25 ἤχους *pro* ἠχούσης 27 δυνάμεως πολλῆς καὶ δόξης 30 ἤδη *om.* 32 πάντα ταῦτα 34 βαρηθῶσι 35 αἰφνήδιος 36 κατισχύσητε *pro* καταξιωθῆτε

XXII 6 αὐτοῖς *post* ὄχλου 10 εἰς ἣν *pro* οὗ 12 ἀνώγαιον 18 γενήματος 22 πορεύεται *post* ὡρισμένον 26 γινέσθω 30 καθήσεσθε 32 ἐκλίπῃ 34 μὴ 1° *om.* 35 οὐθενός βαλλάντιον 39 αὐτοῦ *om.* 42 γινέσθω 43 ἀπὸ τοῦ οὐρανοῦ 44 γενάμενος καὶ ἐγένετο *pro* ἐγένετο δὲ ἐπὶ τῆς γῆς 45 κοιμωμένους αὐτοὺς 47 δὲ *om.* αὐτοὺς *pro* αὐτῶν 52 ἐξήλθετε 53 ἔστιν ὑμῶν 54 αὐτὸν 2° *om.* 57 γύναι *post* αὐτόν 60 αὐτοῦ λαλοῦντος ὁ 2° *om.* 62 ὁ Πέτρος 66 αὐτῶν *pro* ἑαυτῶν 71 μαρτύρων *pro* μαρτυρίας

XXIII 2 ἔθνος ἡμῶν 8 ἐξ ἱκανοῦ θέλων 11 καὶ ὁ Ἡρώδης 12 ὅ τε Ἡρώδης καὶ ὁ Πιλᾶτος 17 ἀπολύειν αὐτοῖς *post* ἑορτὴν 19 γεγενημένην *pro* γενομένην ἐν τῇ φυλακῇ 25 αὐτοῖς *om.* 26 τοῦ 1° *om.* 27 καὶ 2° *om.* 29 ἐξέθρεψαν *pro* ἐθήλασαν 33 ἦλθον *pro* ἀπῆλθον 33 εὐωνύμων *pro* ἀριστερῶν 35 σὺν αὐτοῖς *om.* 36 καὶ 2° *om.* 38 ἐπ' αὐτῷ γεγραμμένη 44 ἐνάτης 45 ἐσχίσθη *post* ναοῦ 46 παρατίθεμαι 47 ἐδόξαζεν 48 τὰ στήθη αὐτῶν 49 ἱστήκεισαν συνακολουθοῦσαι

XXIV 4 ἄνδρες δύο αἰσθήσεσιν 10 ἦν *pro* ἦσαν Μαγδαληνὴ ἡ Ἰακώβου 18 ἐν 1° *om.* 20 τε *om.* 29 κέκλικεν ἤδη 34 ὄντως *ante* ἠγέρθη 44 λόγοι μου 47 ἀρξάμενος 50 Βιθανίαν ηὐλόγησεν

Ad finem evangelii ευαγγελιον κατα Λουκαν *litteris magnis scriptum.*

ST. JOHN.

Titul. Εὐαγγέλιον κατὰ Ἰωάννην.

I 17 Μωϋσέως 19 Λευίτας πρὸς αὐτὸν 20 ἐγὼ οὐκ εἰμὶ 21 σὺ *ante* Ἡλίας 24 οἱ *om.* 25 οὐδὲ *pro* οὔτε *bis* 27 οὐκ εἰμὶ ἐγὼ 28 Βηθανίᾳ *pro* Βηθαβαρᾷ 29 ὁ Ἰωάννης *om.* 31 τῷ *om.* 35 πάλιν *om.* 37 οἱ δύο αὐτοῦ 40 ὄψεσθε *pro* ἴδετε ἦλθον οὖν δὲ *om.* 42 Μεσίαν 43 ἤγαγον δὲ *om.* 46 Ναζαρέθ 47 Ναζαρέθ 50 εἶπεν *pro* λέγει 51 ὁ Ἰησοῦς ὄψῃ

II 6 λίθιναι ὑδρίαι   κείμεναι post Ἰουδαίων   9 οἱ δὲ pro καὶ
17 καταφάγεταί   19 ὁ om.   22 αὐτοῖς om.
III 2 αὐτὸν pro τὸν Ἰησοῦν   δύναται ante ταῦτα   3 ὁ om.
4 ὁ om.   5 ὁ om.   8 ἢ pro καὶ 2°   10 ὁ om.   14 Μωυσῆς
16 ἔχει pro ἔχῃ   19 αὐτῶν πονηρὰ   20 post αὐτοῦ add. ὅτι
πονηρά εἰσιν   21 εἰσιν pro ἐστιν   23 Σαλείμ
IV 1 ἢ om.   3 πάλιν om.   9 οὔσης post Σαμαρείτιδος
13 Ἰησοῦς sine ὁ   15 ἔρχομαι   20 τῷ ὄρει τούτῳ   προσ-
κυνεῖν δεῖ   21 γύναι post μοι   25 Μεσίας   ἐκεῖνος
ἔλθῃ   27 ἐθαύμαζον   30 οὖν om.   31 δὲ om.   34 ποιήσω
pro ποιῶ   35 τετράμηνός   36 καὶ 1° om. ita ut ἤδη ὁ θερίζων
legatur   καὶ 3° om.   37 ὁ 2° om.   ἐστιν 2° om.   44 ὁ
Ἰησοῦς om.   45 ὅσα pro ἃ   50 ὃν pro ᾧ   ὁ Ἰησοῦς
51 ὑπήντησαν   52 εἶπον οὖν   ἐχθὲς pro χθὲς
V 1 ἡ ἑορτὴ   2 Βησσαιδά   4 ἐλούετο pro κατέβαινεν
5 ἐκεῖ ἄνθρωπος   ἀσθενείᾳ αὐτοῦ   7 βάλῃ   8 ἔγειρε
m. prim. sed nunc ἔγειραι   κράβαττόν et sic passim   10 καὶ
οὐκ   κράβαττόν σου   14 σοί τι   25 ἀκούσωσι
27 καὶ 2° om.   38 ἐν ὑμῖν μένοντα   44 ἀλλήλων in rasura
scriptum est et quamvis litteras erasas legere non possim ἀνῶν
scriptum esse a spatio arbitror   45 Μωυσῆς   46 Μωυσεῖ
VI 2 ἐθεώρουν   αὐτοῦ om.   5 τοὺς ὀφθαλμοὺς ὁ Ἰησοῦς
ἀγοράσωμεν   6 ἤμελλε   9 ἐν om.   ὃς pro ὃ   10 ἀνέπεσαν
ἄνδρες sine οἱ   ὡς pro ὡσεὶ   11 ὄχλοις pro ἀνακειμένοις
15 πάλιν om.   17 Καφαρναούμ   οὔπω πρὸς αὐτοὺς ἐληλύθει ὁ
Ἰησοῦς   21 αὐτὸν λαβεῖν   ἐγένετο τὸ πλοῖον   22 ἐκεῖνο
εἰς ὃ ἐνέβησαν οἱ μαθηταὶ αὐτοῦ om.   πλοῖον pro πλοιάριον 2°
23 πλοῖα ἦλθεν pro ἦλθε πλοιάρια   24 ἴδεν   καὶ 1° om.
πλοιάρια   Καπαρναούμ   26 ἴδετε   29 πιστεύητε   35 οὖν
pro δὲ   39 πατρός om.   ἐν om.   40 πέμψαντός με πατρός
ἐγὼ αὐτὸν   41 ὁ ἐκ τοῦ οὐρανοῦ καταβάς   42 οὗτος λέγει
44 κἀγὼ   45 Θεοῦ sine τοῦ   46 ἑώρακέν τις   50 ἀπόληται
51 ζήσει   ἣν ἐγὼ δώσω om.   54 ἀναστήσω ἐγὼ   55 ἀληθής
bis   57 ζήσει   58 ζήσει   60 ὁ λόγος οὗτος   63 λελά-
ληκα   66 τῶν μαθητῶν αὐτοῦ ἀπῆλθον   68 οὖν om.
71 Ἰσκαριώτου   παραδιδόναι αὐτὸν
VII 1 μετὰ ταῦτα om.   4 ποιεῖ τι   6 ἕτοιμός ἐστι
8 ταύτην om.   ὁ ἐμὸς καιρός   12 ἦν περὶ αὐτοῦ   19 Μωυσῆς
22 Μωυσῆς   Μωυσέως   23 Μωυσέως   24 κρίνετε
26 ἀληθῶς om.   28 ὁ Ἰησοῦς ante ἐν τῷ ἱερῷ   29 δὲ om.
31 ποιήσει τούτων   32 οἱ ἀρχιερεῖς καὶ οἱ Φαρισαῖοι   33 αὐτοῖς

Texts from Mount Athos.

om.   35 ποῦ οὖν   39 Ἅγιον om.   40 ἀκούσαντες τῶν λόγων τούτων   42 οὐχ *pro* οὐχὶ   ἔρχεται ὁ Χριστός 43 ἐγένετο ἐν τῷ ὄχλῳ   46 ἐλάλησεν οὕτως   50 πρὸς αὐτὸν νυκτός   51 πρῶτον   52 ἐκ τῆς Γαλιλαίας προφήτης οὐκ ἐγείρεται   53 *usque ad* VIII 11 ἁμάρτανε om.

VIII 12 ἐλάλησεν αὐτοῖς ὁ Ἰησοῦς   14 ἡ ποῦ ὑπάγω *ad fin. vers.*   19 ἂν ᾔδειτε   20 ὁ Ἰησοῦς om.   γαζοφυλακείῳ 26 λαλῶ *pro* λέγω   28 ὑψώσηται   μου om.   29 ὁ πατὴρ om.   44 τοῦ πατρὸς   καθὼς καὶ ὁ πατὴρ αὐτοῦ   46 ἐλέγξει δὲ om.   51 τὸν ἐμὸν λόγον   52 γεύσηται   53 σὺ 2⁰ om. 59 καὶ διελθὼν   ἐπορεύετο καὶ παρῆγεν οὕτως

IX 3 Ἰησοῦς *sine* ὁ   8 προσαίτης *pro* τυφλὸς   10 πῶς οὖν ἠνεώχθησαν   11 οὖν *pro* δὲ   16 οὐκ ἔστιν οὗτος παρὰ Θεοῦ ὁ ἄνθρωπος   17 λέγουσιν οὖν   ἀνέῳξε   20 οἴδαμεν *bis scriptum sed loco priore punctis damnatum*   21 αὐτὸν ἐρωτήσατε, ἡλικίαν ἔχει αὐτὸς περὶ ἑαυτοῦ λαλῆσαι   26 οὖν *pro* δὲ 27 μαθηταὶ αὐτοῦ   28 οἱ δὲ ἐλοιδόρησαν   μαθητὴς εἶ 29 Μωυσεῖ   30 τούτῳ γὰρ τὸ θαυμαστόν   31 ὁ Θεὸς ἁμαρτωλῶν   36 καὶ τίς.   37 δὲ om.   40 μετ' αὐτοῦ ὄντες   41 οὖν om.

X 3 φωνεῖ *pro* καλεῖ   4 πάντα *pro* πρόβατα 1⁰   7 ὅτι om.   8 ἦλθον πρὸ ἐμοῦ   10 περισσότερον *pro* περισσὸν 12 ὁ δὲ μισθωτὸς   16 ἀκούουσι *pro* ἀκούσουσι   γενήσονται 17 με ὁ πατὴρ   18 οὐδεὶς γὰρ   22 τότε *pro* δὲ   26 ὅτι οὐκ *pro* οὐ γὰρ   29 ὃ δέδωκέ μοι πάντων μείζων   32 ἔργα καλὰ   ἐμὲ λιθάζετε   34 ὅτι ἐγὼ   39 αὐτὸν πάλιν 41 ἐποίησε σημεῖον   42 πολλοὶ ἐπίστευσαν εἰς αὐτὸν ἐκεῖ

XI 9 ὧραί εἰσιν   11 ἐξυπνήσω   17 ἐν τῷ μνημείῳ ἔχοντα 20 Ἰησοῦς *sine* ὁ   24 ἡ Μάρθα   32 Ἰησοῦς *sine* ὁ αὐτοῦ πρὸς τοὺς πόδας   μου ἀπέθανεν   38 αὐτό *pro* αὐτῷ   39 τετελευτηκότος   44 κηρίαις   47 ποιεῖ σημεῖα 52 ἔθνους δὲ μόνον   54 αὐτοῦ om.   57 καὶ om.

XII 2 ἀνακειμένων σὺν αὐτῷ   4 Ἰσκαριώτου   6 ἔμελλεν *pro* ἔμελεν   7 ἄφετε αὐτὴν ἵνα   τηρήσῃ   12 Ἰησοῦς *sine* ὁ   16 πρότερον *pro* πρῶτον   18 ἤκουσαν   25 ἀπολύει *pro* ἀπολέσει   26 τις διακονῇ   καὶ *ult.* om.   29 ἑστηκὼς *pro* ἑστὼς   30 ἡ φωνὴ αὕτη   34 οὗτος om.   35 ἐν ὑμῖν *pro* μεθ' ὑμῶν   ὡς *pro* ἕως   36 ὡς *pro* ἕως 40 ἐπώρωσεν   στραφῶσι καὶ ἰάσομαι   41 ὅτι ἴδεν   43 εἴπερ *pro* ἤπερ   49 δέδωκεν   50 οὕτως

XIII 2 γινομένου   καρδίαν ἵνα παραδῷ αὐτόν, Ἰούδας Σίμωνος

Ἰσκαριώτου 8 μου τοὺς πόδας 10 οὐκ ἔχει χρείαν εἰ μὴ pro ᾖ 12 καὶ om. 20 ἂν pro ἐάν 23 δὲ om. ἐκ τῶν μαθητῶν 24 τίς ἂν εἴη om. τίνος pro οὗ 25 ἀναπεσὼν 26 Ἰσκαριώτου 27 εἰς om. τάχειον 28 δὲ om. 30 ἐξῆλθεν εὐθέως 36 ἐγὼ ὑπάγω 37 Πέτρος sine ὁ

XIV 3 τόπον ὑμῖν εἶτε pro ἦτε 7 πατέρα μου ἂν ᾔδειτε 10 ἐν ἐμοὶ sine ὁ 13 αἰτήσηται 14 τοῦτο pro ἐγὼ 16 κἀγὼ 21 τοῦ πατρός μου pro μου 23 Ἰησοῦς sine ὁ 28 εἶπον 2^0 om. μου 1^0 om. 31 οὕτως

XV 2 καρπὸν πλείονα 6 τὸ πῦρ 9 ὑμᾶς ἠγάπησα 11 ᾖ pro μείνῃ 16 αἰτῆτε 24 ἐποίησεν 25 ἐν τῷ νόμῳ αὐτῶν γεγραμμένος

XVI 3 οἴδασι pro ἔγνωσαν 7 οὐ μὴ ἔλθῃ pro οὐκ ἐλεύσεται 10 ὑπάγω πρὸς τὸν πατέρα μου om. 12 ὑμῖν λέγειν 13 ἀκούσει pro ἂν ἀκούσῃ 15 λαμβάνει pro λήψεται 16 οὐκέτι pro οὐ καὶ ὅτι ὑπάγω 17 ἐγὼ om. 18 τί ἐστι τοῦτο τὸ om. 22 νῦν μὲν λύπην ἕξετε 23 ἐάν τι pro ὅσα ἂν 29 αὐτῷ om. 32 κἀμὲ 33 ἔχετε pro ἕξετε

XVII 2 δώσει 7 ἔγνωσαν pro ἔγνωκαν εἰσιν pro ἐστιν 11 οὐκέτι κἀγὼ ᾧ pro οὓς ἡμεῖς ἓν ἐσμέν 13 ἑαυτοῖς 19 ὦσιν καὶ αὐτοὶ 20 πιστευόντων 22 κἀγὼ 24 δέδωκάς pro ἔδωκάς

XVIII 4 ἰδὼν pro εἰδὼς 6 ὅτι om. 7 ἐπηρώτησεν αὐτοὺς 15 ἄλλος sine ὁ 16 ἐκεῖνος pro ὁ ἄλλος 20 λελάληκα τῇ om. 22 παρεστώτων ὑπηρετῶν παρεστηκὼς om. 24 ἀπέστειλεν οὖν 26 ὁ συγγενὴς pro συγγενὴς ὢν 28 πρωὶ pro πρωία 29 φησι pro εἶπε 30 κακοποιῶν 33 ὁ Πιλᾶτος (hoc accentu passim) πάλιν 34 ἀπεκρίνατο pro ἀπεκρίθη αὐτῷ ἀπὸ σεαυτοῦ 36 Ἰησοῦς sine ὁ ὑπηρέται οἱ ἐμοὶ ἠγωνίζοντο ἂν 37 Ἰησοῦς sine ὁ ἐγὼ 1^0 om. 39 ὑμῖν 2^0 om. ἀπολύσω ὑμῖν 40 πάλιν om.

XIX 1 ὁ Πιλᾶτος ἔλαβε 3 ἐδίδοσαν 4 οὐδεμίαν αἰτίαν ἐν αὐτῷ 5 ἰδοὺ pro ἴδε 6 ἴδον ὑμεῖς αὐτὸν 7 ἡμῶν om. υἱὸν Θεοῦ ἑαυτὸν 9 Ἰησοῦς om. 10 ἐξουσίαν 2^0 om. sed add. m. s. in margine 11 αὐτῷ pro ὁ κατ' ἐμοῦ οὐδεμίαν 12 ὁ Πιλᾶτος ἐζήτει ἐκραύγασαν ἑαυτὸν ποιῶν 14 ὥρα ἦν ὡς τρίτη 17 οὖν pro δὲ Ἑβραϊστὶ δὲ pro ὃς λέγεται Ἑβραϊστὶ 20 ὁ τόπος τῆς πόλεως Ῥωμαϊστί, Ἑλληνιστὶ 21 τῶν Ἰουδαίων εἰμὶ 23 ἄραφος 25 Μαριὰμ ἡ τοῦ Κλοπᾶ Μαριὰμ 26 αὐτοῦ om. 27 ἴδε

Texts from Mount Athos.

ὁ μαθητὴς αὐτήν   **28** ἤδη πάντα   **29** οὖν om.   σπόγγον οὖν μεστὸν τοῦ ὄξους ὑσσώπῳ   **31** ἐπεὶ παρασκευὴ ἦν *ante* ἵνα τοῦ σαββάτου ἐκείνου   **33** ἴδον   **34** ἐξῆλθεν εὐθὺς   **36** πιστεύητε   δὲ *pro* γὰρ   **38** ὁ 1° *et* 2° om.   αὐτοῦ *pro* τοῦ Ἰησοῦ   **39** αὐτὸν *pro* τὸν Ἰησοῦν   **42** αὐτόν *pro* τὸν Ἰησοῦν

XX 3 καὶ ὁ Πέτρος   **4** τάχειον   **5** τὰ ὀθόνια κείμενα μέντοιγε   **11** Μαριὰμ   **15** ἔθηκας αὐτόν   **16** Ῥαβουνί *ad finem versus add.* καὶ προσέδραμεν   ἅψασθαι αὐτοῦ   **17** Ἰησοῦς *sine* ὁ   **21** καὶ εἶπεν *pro* εἶπεν οὖν   ὁ Ἰησοῦς om.   **23** ἀφέωνται   **25** αὐτοῖς om.   **28** καὶ 1° om.   **29** Θωμᾶ om.

XXI 1 ὁ Ἰησοῦς πάλιν   **3** ἐνέβησαν   εὐθύς om.   **4** ἔγνωσαν *pro* ᾔδεισαν   **5** ἔχητε   **6** *post* εὑρήσετε *add.* οἱ δὲ εἶπον δι' ὅλης νυκτὸς κοπιάσαντες οὐδὲν ἐλάβομεν ἐπὶ δὲ τῷ σῷ ῥήματι βαλοῦμεν ἴσχυον *pro* ἴσχυσαν   **11** ἐνέβη οὖν *pro* ἀνέβη   μεγάλων ἰχθύων   **13** οὖν om.   **17** καὶ λέγει Κύριε   **18** ζώσῃ οἴσῃ   **25** ἃ *pro* ὅσα   *ad finem evangelii* Εὐαγγέλιον κατὰ Ἰωάννην *et statim postea*

εὐαγγελιστῶν τεσσάρων θεῖοι λόγοι
γραφέντες ὧδε λῆξιν ἔσχον τῶν πόνων

litteris magnis scripta sunt

COLOSSIANS.

I 2 καὶ Κυρίου Ἰησοῦ Χριστοῦ om.   **6** *post* καρποφ. *add.* καὶ αὐξανόμενον   **10** ἐν τῇ ἐπιγνώσει   **14** διὰ τοῦ αἵματος αὐτοῦ om.   **16** ἐπὶ τῆς γῆς *sine* τὰ   **20** δι' αὐτοῦ om.   ἔσται τὰ ἐπὶ τῆς γῆς   **22** παραστῆσαι   **24** παθήμασι *sine* μου   Χριστοῦ ἐν τῷ σώματί μου   ὅς ἐστι   **27** γνῶναι *pro* γνωρίσαι

II 1 ὑπὲρ ὑμῶν   **2** τοῦ Θεοῦ καὶ πατρὸς τοῦ Χριστοῦ   **3** γνώσεως *sine* τῆς   **7** ἐν πίστει   ἐν αὐτῇ   **12** ἐκ νεκρῶν   **13** ὄντας τοῖς   **20** εἰ *sine* οὖν   σὺν Χριστῷ   **23** ἐθελοθρησκίᾳ

III 4 τότε καὶ ὑμεῖς φανερωθήσεσθε ἐν δόξῃ σὺν αὐτῷ   **5** τὰ μέλη *sine* ὑμῶν   **7** ἐν τούτοις   **12** οἰκτιρμοῦ   **15** ἐκλήθητε ἐν σώματι ἑνί   **16** ἐν ταῖς καρδίαις ὑμῶν τῷ Θεῷ   **18** ἰδίοις om.   **20** ἐν κυρίῳ   **22** ὀφθαλμοδουλίαις   φοβούμενοι τὸν Κύριον   **23** καὶ 1° om.   ἂν *pro* ἐὰν   **25** κομίσηται

IV 3 διὸ καὶ   **6** ἀποκρίνασθαι   **9** γνωρίσουσι

IV. CODEX EVANG. 1071.

Of all the minuscule MSS. which we saw in the libraries of the monasteries on Mount Athos the one now numbered 104 A in the Laura catalogue was far the best, indeed it was the only one which presented any great features of interest. It was not difficult to identify it as the MS. which Dr. Gregory has numbered 1071 in his catalogue in the Prolegomena to Tischendorf's ed. maj. viii.

Dr. Gregory's description is as follows:—

'1071 in Ath. Laurae; saec xii, 28·3 × 19·5 membr, coll. 2, ll 26. 27, Carp. Eus.-t, capp-t, capp, titl, sect, (Mc 234: 16, 9) can, syn, men, subscr ut Λ, στιχ; Evv; Lc 22, 43. 44 deerat, m. ser. add. in mg.: Joh. 8, 6 κάτω κεκυφὼς τῷ δακτύλῳ κατέγραφεν: 8, 9 ἕκαστος δὲ τῶν Ἰουδαίων ἐξήρχετο ἀρξάμενος ἀπὸ τῶν πρεσβυτέρων· ὥστε πάντας ἐξελθεῖν et multa alia. In Calabria nisi fallor exaratus, manibus duabus, partim litteris Neritinis. Vidi 27 Aug. 1886.'

There is only a little to be added in the way of technical description, but the following points may be noted.

(1) According to our notes the summary account should also contain *lect. pict.* I much regret, in the light of subsequent investigation, that we did not look more carefully into the nature of the lections. Probably they are the ordinary ones, but I cannot speak with certainty, and considering that a connexion perhaps exists between this MS. and Codex Bezae, it would be worth while for the next scholar who goes to the Laura to look into the question more carefully. I should be inclined to guess that, as Dr. Gregory did not notice the presence of any lection marks, they are not a complete system, but only a few which caught our eye, or rather, as

Texts from Mount Athos.

I judge from the handwriting of the note on this point, Mr. Wathen's eye.

The pictures are not illuminated, and are unlike those in any MS. which I saw on Mount Athos, but I have since seen in the Bodleian a MS. (MS. Douce 70), the pictures of which remind me of those in cod. 1071. Probably the explanation that they were prepared for illumination, but never finished, is as true for 1071 as it certainly is for Douce 70. In the picture before the fourth Gospel it is important to note that the Latin words *In principio erat verbum* appear on the page of the open book which St. John is represented as holding.

(2) I feel sure that it was written by three rather than by two hands, whose work was distributed as follows:—

Scribe A wrote quaternions 1, 7 and 8 containing the introductory matter (Carp. Eus.-t. Capp-t and, I think, syn. men.), and Mt 22, 13–end of Capp-t. to Mark.

Scribe B wrote quaternions 2 and 9–23, containing Mt 1, 1–7, 26 ᾠκοδόμησεν and Mc 1, 1 to the end of the Gospels.

Scribe C wrote quaternions 3–6, containing Mt 7, 26–Mt 22, 13 δήσαν-.

It is noticeable that in the seventeenth quaternion scribe B has inserted two conjugate leaves between the seventh and eighth folia of the gathering. If there is no other irregularity in the make-up of the MS. this gives a total of 186 folia, but our notes say that the MS. contained 181 folia. As this discrepancy did not strike us until we had left the mountain, it is impossible to do more than record the fact without offering any explanation.

(3) *Literae Neritinae* means the writing of the school of Nardo, or Neritum, near Rossano, the existence of which is recorded by De Ferrariis in his tract *De Situ Iapygiae*[1].

---

[1] In hac urbe de qua nunc loquimur et gymnasium quondam fuit Graecarum disciplinarum tale, ut cum Mesapii Graeci laudare Graecas literas volunt Neritinas esse dicant. Sunt enim hae literae perpulchrae et castigatae et iis, quibus nunc utuntur impressores, Orientalibus ad legendum aptiores.— Antonius Galateus (De Ferrariis), *De Situ Iapygiae*, ed. 1558, p. 122.

I think that Dr. Gregory here alludes to the writing of the scribe B, but I do not feel sure, as I only know *Literae Neritinae* through description. However, I do not feel the least hesitation in affirming a complete agreement with Dr. Gregory in his belief that the MS. came from Italy. The Latin words in the picture of St. John are evidence that it came from a district where Latin was more or less known, and the handwriting has a peculiar stiffness [1], very difficult to describe, but easy to recognize, which is often characteristic of Italian MSS. I much regret that, for some reason which we could not understand, we were not allowed to photograph even a specimen of this MS.

The Provenience and History of the Codex.

It will be seen from the foregoing remarks that the codex came from S. Italy or Sicily—there is little difference between the two regions, palaeographically considered. It remains to be seen whether the exact home of the MS. can be found, and the explanation of its being taken to Mount Athos be discovered. Father Chrysostom, when the problem was put to him, affirmed that the answer was easy and certain. There had been, he said, in the twelfth century, a movement of *rapprochement* between S. Italy and Constantinople, which had resulted in the foundation of a monastery on Mount Athos, endowed by the Greek merchants connected with Amalfi, and therefore called Ἀμαλφινῶν. This monastery was afterwards known, doubtless when the connexion with Italy had been broken, as τὸ Μορφινόν—an obvious corruption of the earlier title. After a period of prosperity it fell into ruins, and its library and lands were taken over by the Laura. The ruined tower on the top of a precipitous and thickly-wooded hill may be seen on the right hand of the path as one approaches the Laura from Ivéron.

---

[1] See Batiffol's essay in *L'Abbaye de Rossano*.

The only reference to this monastery which I have been able to find in books about Mount Athos is in De Vogüé's *Syrie, Palestine et Mont Athos*, a little book which gives a charming and most lifelike description of the 'Holy Mountain.' He says on p. 263 : 'En même temps (the closing years of the twelfth century) à l'instigation d'Innocent III une tentative est faite pour latiniser le principal centre monastique de l'orthodoxie. Les Amalfitains ces infatigables pionniers qu'on retrouve à l'avant-garde de toutes les entreprises occidentales en Orient fondent le couvent catholique d'Omorphonô dont les ruines abritent aujourd'hui des chevriers sous un toit de lierre dans un des sites les plus pittoresques de la presqu'île.' Unfortunately he gives no authority for this statement, and I have not been able as yet to find any. The ancient 'Chronicon Amalfitanum' published by Muratori is mutilated at this point, but one of the few fragments relating to this period recounts a mission to Constantinople, and the obtaining of the body of St. Andrew from that city. This at least shows the Amalfitans in the neighbourhood of Athos, and dealing in monastic 'properties.' It should also be noticed that the period in question is that of the Montferrats and the Roman kingdom of Thessalonica, when a Latinising movement is quite probable. Therefore there can be little doubt that Father Chrysostom's suggestion is a very reasonable one, but caution demands a statement of countervailing considerations.

If Dr. Gregory is right in identifying part of cod. 1071 as written in the hand characteristic of the school of Nardo, it weakens the case for Amalfi, because Nardo is close to Rossano, not to Amalfi, and there is some, though not very good evidence, that there was in the twelfth century a monastery on Mount Athos definitely connected with Calabria. This evidence is found in the life of St. Bartholomew[1] of Simeri, near Rossano. St. Bartholomew was a person who in early life became a kind of hermit in the mountains near Rossano,

---

[1] Printed in the *Bollandist Acta SS. Sept.* vol. viii.

and afterwards founded several monasteries in the district, including St. Mary's of Patira. He is said to have made a journey to Constantinople, and to have been very well received by the Court, especially by a pious noble named Calimeris, who gave him many valuable presents, and—the chronicler continues—ὅπερ εἰς τὸ Ἅγιον ὄρος ἐκέκτητο μοναστήριον ἐπ' ὀνόματι τοῦ ἐν ἁγίοις πατέρος ἡμῶν καὶ οὐρανοφάντορος Βασιλείου αὐτῷ ἐδωρήσατο, εὐεργετεῖσθαι μᾶλλον ἐκ τούτου ἢ εὐεργετεῖν μάλα εἰκότως οἰόμενος, οὕπερ τὴν προστασίαν ταῖς πολλαῖς ἐκείνου δυσωπηθεὶς ἱκετείαις ὁ μέγας ἀναδεξάμενος πολλῆς ὠφελείας τοῖς ἐν αὐτῷ ἀσκηταῖς ἐγένετο πρόξενος λόγοις ὁμοῦ καὶ ἔργοις ῥυθμίσας αὐτοὺς πρὸς τὸ μέλπιον (l. βέλτιον)—then some details recounting Bartholomew's departure and his appointment of a successor—διὸ καὶ μέχρι τῆς σήμερον ὡς φασὶ τὸ μοναστήριον 'τοῦ Καλαβροῦ' παρὰ τοῖς ἐγχωρίοις ἐπονομάζεται.

Again, there does not seem to be any entirely trustworthy evidence as to the existence of this monastery. It is not mentioned (nor is τὸ Μορφινόν) by John Comnenus[1] in his description of Mount Athos, but this does not prove more than that it did not exist in the seventeenth century when John Comnenus wrote. The whole question of these two monasteries ought to be inquired into by the next scholar who visits the mountain.

At present one can only say that cod. 1071 was probably once in the library of either τὸ Μορφινόν or the monastery of τοῦ Καλαβροῦ, whither it was imported either from Amalfi or from the neighbourhood of Rossano. The importance of this fact will probably be considered to lie in the light it may possibly throw on the locality in which the Codex Bezae was preserved in the twelfth century, for, as will be shown later, there is in the text of the *pericope adulterae* in cod. 1071 a point of close connexion with the Codex Bezae.

[1] Printed in Montfaucon's *Palaeographia Graeca*.

Texts from Mount Athos.

Evidence other than textual which connects Cod. 1071 *with other MSS.*

This is given by the stichometric enumerations and subscriptions which are found at the end of the Gospels. They are as follows:—

At the end of St. Matthew: Εὐαγγέλιον κατὰ Ματθαῖον ἐγράφη καὶ ἀντεβλήθη ἐκ τῶν ἐν Ἱεροσολύμοις παλαιῶν ἀντιγράφων τῶν ἐν τῷ Ἁγίῳ Ὄρει ἀποκειμένων. στχ. $\overline{βφ}$ (2500).

At the end of St. Mark: Εὐαγγέλιον κατὰ Μάρκον ἐγράφη καὶ ἀντεβλήθη ὁμοίως ἐκ τῶν ἐσπουδασμένων. στχ. $\overline{αφϟ}$ (1590).

They are omitted at the end of the two other Gospels. This indication of provenience, whatever it may mean, groups cod. 1071 with the following MSS. at least, and probably with others.

Λ[1] (ix) in the Bodleian: brought from 'the East' by Tischendorf in 1853. Probably therefore originally part of the library of St. Catherine's monastery on Mount Sinai.

20 (xi) at Paris: brought from the East in 1669.

117 (xv) in the British Museum: apparently nothing is known of its history except that it once belonged to Bentley.

157 (xii) in the Vatican Library: written, perhaps in 1128, for the Emperor John II Porphyrogenitus, presumably therefore in Constantinople.

164 (xi) in the Barberini Library: a palimpsest. Written by Leo, priest and scribe, and purchased in 1168 at Jerusalem by a certain Bartholomew. Probably therefore written in some Eastern monastery.

262 (x ? xii) at Paris: probably written in Italy, but afterwards sent to Constantinople, and brought back in 1735.

428 (xiii) at Munich: history apparently unknown.

565 (ix) at St. Petersburg: said to have been written by

---

[1] Λ of course has not got the subscription to Matthew, and in the other MSS. quoted sometimes one of the Gospels lacks the subscription.

the Empress Theodora; afterwards in the monastery of Houmish Khan in Pontus.

566 (ix) at St. Petersburg: the other half of cod. Λ, which Tischendorf seems to have separated as he did in other cases.

829 (xii ? xi) at Grotta Ferrata : almost certainly written in S. Italy or Sicily. Dr. Gregory's question whether it may not be 'consanguineus familiae 13,' i.e. a member of the Ferrar group, may be definitely answered in the negative.

The scanty information which may thus be gathered from catalogues about these MSS. suggests that the group to which they belong may be divided into two—an Eastern and an Italian branch. To the former belong Λ, 20, 157, 164, 565, 566 (which may perhaps be subdivided into Constantinopolitan and Sinaitic branches); to the latter belong 262, 829, 1071.

The question remains to be decided, what is the original home of the family. I think that Sinai is the most likely place. This conclusion is reached from a consideration of the subscription. This it will be remembered runs as follows :—

Εὐαγγέλιον κατὰ Ματθαῖον ἐγράφη καὶ ἀντεβλήθη ἐκ τῶν ἐν Ἱεροσολύμοις παλαιῶν ἀντιγράφων τῶν ἐν τῷ Ἁγίῳ Ὄρει ἀποκειμένων.

At first this appears to identify [1] Jerusalem and the Ἅγιον Ὄρος. But there seems no reason for thinking that any monastery at Jerusalem was ever called a holy mountain. Τὸ Ἅγιον Ὄρος, according to Father Chrysostom, for whose great learning and instinct on such points I learnt while at the Laura to have the greatest respect, felt confident that it meant neither Jerusalem nor (considering the early date of Λ 566, 565) Athos, but definitely Sinai. He boldly emended ἐκ τῶν ἐν Ἱεροσολύμοις into ἐκ τῶν Ἱεροσολυμειτῶν, adding (what is perfectly true) that the terminations of words in colophons are often so abbreviated that they may mean almost anything.

[1] This seems to be Bousset's view in his *Text-kritische Studien*.

I think therefore that probably Sinai is the original home, and that the subscription means that the archetype of the group came originally from Jerusalem, and was, at the time when it was used, preserved in the library at Sinai.

The Text of this Family.

At present it is impossible to say whether any members of the family have preserved the original text. The majority have undoubtedly reverted to the ordinary Antiochian type, but 157, 565, 1071 (especially 565), have texts of some value, and Λ 566, 262, 829 have a certain number of interesting readings. To work the subject out fully would be a long and delicate piece of work, but the impression which I have at present is that no close genealogical connexion can be shown to exist between any of the MSS. in this group at all similar to that found in the Ferrar group or the group which is headed by cod. 1. It is possible that further study may reveal a more remote connexion, and may even connect them with other well-known MSS. which do not possess this interesting colophon, which would then acquire a further importance.

An attempt has been made by Dr. W. Bousset, in his *Textkritische Studien*, to deal with the subject somewhat on these lines. He considers that all these MSS. belong to a large group headed by the uncials KΠ(M) which he thinks may be connected more or less closely with Jerusalem, and have affinities with the text of Origen. There is no question that KΠ(M) possess a peculiar text which may represent some definite recension, but it may be doubted whether MSS. like 157, 565, 1071 can be rightly claimed as belonging to this group. They have some points in common with it, but they have many more in which they disagree, not only with it, but also among themselves. The whole problem raised is full of difficulties, and at present no adequate solution has been offered. If however any advance is possible, it is probable that it will be made by dealing with the smaller and definite families first, and afterwards bringing them together into larger groups.

The Text of Cod. 1071.

The collation with Lloyd's text of the whole of St. Mark, and of several chapters from the other Gospels, which is given in the following pages, will probably be sufficient to give a fair impression of the character and value of the codex. It must however be understood that this is not based on photographs, but only on a necessarily hurried collation, which was made at the Laura by Mr. Wathen and myself, and naturally must have suffered from the haste with which it was made. We did not collect orthographical variants simply as such: the spelling of cod. 1071 is very bad, offering in this respect a great contrast to the mass of the MSS. in the libraries on Mount Athos. I have not attempted any full analysis of the different readings, but at the conclusion of the collation I have drawn attention to some of the more interesting variants, and especially to the text of the *pericope adulterae*.

ST. MATTHEW.

V 1 *post* ἀνέβη *add*. ὁ Ἰησοῦς 13 βληθὲν ἔξω καταπατεῖσθαι
18 ἰῶτα ἐν τῇ κεραίᾳ *post* νόμου *add*. καὶ τῶν προφητῶν
19 ἐντολῶν μου τούτων 20 ὑμῶν ἡ δικαιοσύνη 22 εἴπῃ
τῷ ἀδελφῷ αὐτοῦ μωρέ 25 μετ' αὐτοῦ *ante* εἶ 28 ἐπιθυμῆσαι αὐτὴν 29 σκανδαλίζει σε *ante* ὁ δεξιός 32 μοιχευθῆναι *pro* μοιχᾶσθαι 36 ποιῆσαι *ante* λευκὴν 39 δεξιὰν *sine* σου 40 *post* ἱμάτιόν *add*. σου 42 δὼς *pro* δίδου
44 *om*. καλῶς ποιεῖτε τοὺς μισοῦντας ὑμᾶς 47 φίλους *pro* ἀδελφοὺς οἱ ἐθνικοὶ *pro* τελῶναι 48 ὡς *pro* ὥσπερ
ὁ οὐράνιος *pro* ὁ ἐν τοῖς οὐρανοῖς

VI 1 προσέχετε δὲ 3 γνῶ *pro* γνώτω 4 ὅπως ᾖ σου ἡ ἐλεημοσύνη ἐν τῷ κρυπτῷ αὐτὸς ἀποδώσει *omissis verbis omnibus quae inter* ἐν τῷ κρυπτῷ 1° *et* ἐν τῷ κρυπτῷ 2° *interponenda sint*
5 προσεύχεσθε *et* ἔσεσθε *pro* προσεύχῃ κ.τ.λ. 14 ὑμεῖς *pro* ὑμῖν 20 οὐδὲ βρῶσις οὔτε κλέπτουσιν 23 ὀφθαλμὸς *sine* σου 24 *post* οὐδεὶς *add*. οἰκέτης 26 οὔτε ... οὔτε ... οὔτε 28 οὐ κοπιῶσιν οὐδὲ νήθουσιν 32 ταῦτα γὰρ πάντα τὰ ἔθνη ἐπιζητοῦσιν

XXI 3 ἀποστέλλει 8 αὐτῶν *pro* ἑαυτῶν 13 ποιήσατε αὐτὸν 14 χωλοὶ καὶ τυφλοὶ 18 *post* ἐπανάγων add. ὁ Ἰησοῦς 22 αἰτεῖσθε pro αἰτήσητε 24 post αὑτοῖς add. ἀμὴν λέγω ὑμῖν 26 post διατί om. οὖν post ἐὰν om. δὲ 28 post ἄνθρωπός add. τις σήμερον post ἐργάζου 30 ἑτέρῳ pro δευτέρῳ 38 post υἱὸν add. αὐτὸν

XXIII 5 γὰρ pro δὲ 10 ὑμῶν post ἐστιν 19 post μεῖζόν (?) add. ἐστι 20 καὶ ἐν τῷ καθημένῳ ἐν πᾶσι 21 κατοικήσαντι

ST. MARK.

I 2 καθὼς γέγραπται ἐν Ἡσαΐᾳ τῷ προφήτῃ 5 post Ἱεροσολυμῖται add. πάντες 7 κύψας om. 9 ἐκείναις post ἡμέραις 10 ὡς pro ὡσεὶ 15 ante λέγων om. καὶ 16 αὐτοῦ τοῦ Σίμωνος 17 γενέσθαι om. 19 post δίκτυα add. αὐτῶν 21 εὐθὺς pro εὐθέως 23 ante λέγων add. φωνῇ μεγάλῃ 25 αὐτῶν pro αὐτοῦ 26 φωνήσας pro κράξαν 27 ἅπαντες πρὸς ἑαυτοὺς λέγοντας τί ἐστι τοῦτο εἰ τίς ἡ κ.τ.λ. 33 καὶ ἦν ὅλη ἡ πόλις 35 ἀναστὰς ἀπῆλθεν ὁ Ἰησοῦς 36 ὅ τε Σίμων 37 σε ante ζητοῦσιν 42 ἡ λέπρα αὐτοῦ 45 δύνασθαι ante αὐτὸν φανερῶς post εἰς πόλιν πάντοθεν

II 1 εἰσῆλθεν πάλιν ὁ Ἰησοῦς ἐν οἴκῳ pro εἰς οἶκον 3 φέροντες ante πρὸς αὐτὸν 5 σου αἱ ἁμαρτίαι σου ut vid. sed coll. est ambigua 8 αὐτοὶ διαλογίζονται 9 σου post κράββατόν 10 ἀφιέναι post ἐπὶ τῆς γῆς 11 ἔγειρε ἆρον sine καὶ 12 ἐνώπιον pro ἐναντίον 13 post πάλιν add. ὁ Ἰησοῦς ἤρχοντο pro ἤρχετο 16 post πίνει add. ὁ διδάσκαλος 17 ante οὐ χρείαν add. ὅτι οὐ γὰρ ἦλθον 18 οἱ ἀπὸ τῶν φαρ. οἱ μαθηταὶ τῶν φαρ. μαθηταί σου pro σοὶ μαθηταὶ 21 οὐδεὶς sine καὶ 23 ante τοῖς σάββ. om. ἐν οἱ μαθ. αὐτοῦ et ἤρξαντο 24 post ποιοῦσιν add. οἱ μαθηταὶ 25 λέγει pro ἔλεγεν 26 ἱερεῦσι μόνον

III 6 ἐποίησαν 7 post Ἰησοῦς add. γνοὺς παρὰ τὴν θάλασσαν ἠκολούθησαν post Ἰουδαίας 8 ἐποίει ὁ Ἰησοῦς 11 ἐθεώρουν προσέπιπτον ἔκραζον 12 αὐτοῖς ὁ Ἰησοῦς 13 εἰς τὸ ὄρος ὁ Ἰησοῦς 16 καὶ ἐπέθηκεν αὐτοῖς ὀνόματα, τῷ Σίμωνι Πέτρον 17 Ἰακώβου sine τοῦ 18 Ματθαῖον τὸν τελώνην 20 μηδὲ pro μήτε 23 αὐτοῖς ὁ Ἰησοῦς 25 δυνήσηται pro δύναται σταθῆναι post ἐκείνη 27 ἀλλ' οὐδεὶς δύναται εἰς τὴν οἰκίαν τοῦ ἰσχυροῦ εἰσελθὼν τὰ σκεύη αὐτοῦ διαρπάσαι 28 τὰ ἁμαρτήματα post ἀνθρώπων ἐὰν pro ἂν 30 ὅτι ἔλεγον ὅτι 31 καὶ ἔρχονται pro ἔρχονται οὖν ἡ μήτηρ αὐτοῦ καὶ οἱ ἀδελφοὶ αὐτοῦ 32 περὶ αὐτὸν ὄχλος πολύς καὶ λέγουσιν *pro* εἶπον δέ   33 καὶ ἀποκριθεὶς αὐτοῖς λέγει   καὶ *pro* ἤ   34 *ad fin. vers. add.* οὗτοί εἰσιν   35 ἐὰν *pro* ἄν μήτηρ μου

IV 1 ἦν ἐπὶ τῆς γῆς   3 σπεῖραι τὸν σπόρον αὐτοῦ   4 σπείρειν αὐτόν   τοῦ οὐρανοῦ *om.*   5 καὶ ἄλλο *pro* ἄλλο δέ   γῆς βάθος   6 καὶ ὅτε ἀνέτειλεν ὁ ἥλιος *pro* ἡλίου κ.τ.λ.   8 αὐξανόμενα   εἰς τριάκοντα καὶ ἑξήκοντα καὶ ἐν ἑκατόν   9 αὐτοῖς *om.*   10 καὶ ὅτε *pro* ὅτε δέ   ἠρώτων *pro* ἠρώτησαν   11 λέγεται *pro* γίνεται   12 βλέψωσιν   συνῶσι   15 εὐθύς   16 ὁμοίως εἰσιν   18 οὗτοί εἰσιν 2⁰ *om.*   ἀκούσαντες   20 ἐν *pro* ἕν *ter*   21 ὑπὸ *pro* ἐπί   τεθῇ *pro* ἐπιτεθῇ   22 ἔλθῃ εἰς φανερόν   24 ἀντιμετρηθήσεται   25 ἐὰν *pro* ἄν   26 ἔλεγεν αὐτοῖς   31 κόκκον *pro* κόκκῳ   μικρότερον   32 μείζων πάντων τῶν λαχάνων τῶν ἐπὶ τῆς γῆς   34 τοῖς ἰδίοις μαθηταῖς   35 εἰς πέραν *sine* τό   36 πλοῖα *pro* πλοιάρια   37 καὶ τὰ κύματα *pro* τὰ δὲ κύματα   ἤδη γεμίζεσθαι αὐτώ   38 αὐτὸς ἦν   ἐν τῇ πρύμνῃ   41 οἱ ἄνεμοι

V 1 Γεργεσηνῶν   2 ὑπήντησεν   3 μνήμασιν *pro* μνημείοις   οὔτε ἁλύσεσιν οὔτε πέδες   4 αὐτόν 1⁰ *om.*   οὐδεὶς ἐδύνατο αὐτὸν δαμάσαι   5 ἦν *ante* διαπαντός   ἐν τοῖς μνήμασιν καὶ ἐν τοῖς ὄρεσιν   6 ἀπό *om.*   7 λέγει *pro* εἶπε   11 πρὸς τὸ ὄρει   13 ἀγέλη πᾶσα   16 καὶ διηγήσαντο δέ   19 πεποίηκε καὶ ἠλέησέ σε ὁ Θεός (? ὁ κύριος *om.*)   22 παρακαλεῖ   27 τοῦ κρασπέδου τοῦ ἱματίου   33 τρέμουσα διὸ πεποίηκεν   40 πάντας   41 ταλιθὰ κούμ

VI 2 τοῦτο πάντα *pro* τούτῳ ταῦτα   ὅτι *om.*   3 δέ *om.*   4 συγγενεῦσιν αὐτοῦ   11 ἄν *om.*   οὐ μὴ δέξωνται   Σοδόμοις καί   14 Ἡρώδης τὴν ἀκοὴν Ἰησοῦ   15 ἤ *om.*   17 φυλακῇ *sine* τῇ   26 διὰ δὲ τοὺς ὅρκους   ἤθελεν   30 καί 2⁰ *om.*   33 οἱ ὄχλοι *om.*   35 προσελθόντες οἱ μαθηταὶ αὐτοῦ λέγουσιν αὐτῷ   37 δηναρίων διακοσίων   38 ἐπιγνόντες   39 ἀνακλιθῆναι   44 ὡσεί *om.*   45 τοὺς ὄχλους   52 αὐτῶν ἡ καρδία   54 αὐτόν   οἱ ἄνδρες τοῦ τόπου ἐκείνου

VII 6 ὅτι *om.*   ἐπροφήτευσεν   ὅτι ὁ λαὸς οὗτος   11 ὁ ἄνθρωπος   13 διὰ τὴν παράδοσιν ὑμῶν ἦν   15 κοινῶσαι αὐτόν   16 ὁ ἔχων *pro* εἴ τις ἔχει   19 καθαρίζων   24 εἰς οἰκίαν   26 Συροφοινίκισσα τὸ γένη   28 τῶν πιπτόντων ψιχίων   τῶν παιδίων *om.*   29 ἐκ τῆς θυγατρός σου τὸ δαιμόνιον   30 ἐπὶ τὴν κλίνην   31 ἐξελθὼν ὁ Ἰησοῦς ἀπό   36 αὐτοὶ μᾶλλον περισσοτέρως

VIII 1 πάλιν πολλοῦ   ὁ Ἰησοῦς *om.*   2 ὄχλον τοῦτον

Texts from Mount Athos.

3 ἀπὸ μακρόθεν 4 ὧδε om. 6 αὐτοῖς pro τῷ ὄχλῳ
7 εὐλογήσας αὐτὰ εἶπεν παραθεῖναι αὐτὰ 8 ἐχορτάσθησαν πάντες
σπυρίδας πλήρεις 9 τετρακισχίλιοι ἄνδρες 10 καὶ ἐμβὰς
εὐθέως 12 ἑαυτοῦ pro αὐτοῦ οὐ pro εἰ 13 πάλιν
ἐμβὰς εἰς πλοῖον διῆλθεν 14 ἐπελάθοντο οἱ μαθηταὶ αὐτοῦ
ἕνα ἄρτον μόνον 16 ἐν ἑαυτοῖς pro πρὸς ἀλλήλους 19 κοφίνους
κλασμάτων ἤρατε πλήρεις 21 οὔπω 22 ἔρχονται pro ἔρχεται
23 αὐτοῦ pro αὐτῷ 24 εἶπεν pro ἔλεγεν ὅτι om.
ὁρῶ om. 28 ἀπεκρίθησαν λέγοντες 31 τῶν ἀρχιερέων
33 ὁ δὲ Ἰησοῦς 34 εἴ τις pro ὅστις 35 οὗτος
om. 36 τὸν ἄνθρωπον ὅλον τὸν κόσμον 38 ἐὰν
pro ἂν

IX 2 Ἰωάννην sine τὸν 3 ἐγένοντο λευκᾶναι οὕτως
5 καὶ θέλῃς ποιήσωμεν τρεῖς σκηνάς 7 καὶ ἰδοὺ ἐγένετο
ἀκούετε αὐτοῦ 9 καὶ καταβαινόντων ἀναστῇ ἐκ νεκρῶν
12 πρῶτος pro πρῶτον καθὼς pro καὶ πῶς 13 πάντα ὅσα
15 ἰδόντες αὐτὸν ἐξεθαμβήθησαν 16 ἑαυτούς 17 ἄλαλον
καὶ κωφόν 18 ἐὰν pro ἂν 19 εἶπεν αὐτῷ 22 ἐφ'
ἡμᾶς κύριε 23 τὸ om. 25 ὁ ὄχλος 26 τοὺς πολλοὺς
28 εἰσελθόντος αὐτοῦ κατ' ἰδίαν ἐπηρώτων αὐτόν, διὰ τί
33 ἦλθεν ὁ Ἰησοῦς διελογίζεσθε πρὸς ἑαυτούς 34 τίς ἦ
μείζων 38 ἔφη pro ἀπεκρίθη δὲ om. ἐν τῷ ὀνόματι
τὰ δαιμόνια ὃς οὐκ ἀκολουθεῖ ἡμῖν om. 39 ποιήσας pro ποιήσει
40 ἡμῶν pro ὑμῶν bis 41 μου om. ὅτι οὐ μὴ 42 μικρῶν
τούτων 45 ἔκκοψον καλὸν γὰρ

X 1 καὶ διὰ 7 καὶ εἶπεν ἕνεκεν 8 σὰρξ μία 10 ἐπη-
ρώτων 11 ἂν pro ἐὰν 17 ἰδού τις πλούσιος προσδραμὼν
καὶ 20 ad fin. add. τί ἔτι ὑστερῶ 21 εἰ θέλεις τέλειος
εἶναι ὕπαγε πτωχοῖς sine τοῖς σταυρόν σου 23 τοῖς
μαθηταῖς αὐτοῦ λέγει 24 εἶπεν pro λέγει τεκνία χρήμασι
sine τοῖς 25 τρυμαλιᾶς ῥαφίδος διελθεῖν 27 παρὰ ἀνθρώ-
ποις τοῦτο ἀδύνατόν ἐστιν Θεῷ sine τῷ 28 ἤρξατο δὲ
29 καὶ ἕνεκεν τοῦ εὐαγγελίου 30 πατέρας ζωὴν αἰώνιον
κληρονομήσει 31 ἔσχατοι sine οἱ 33 γραμματεῦσι sine
τοῖς 34 ἐμπτύσουσιν αὐτῷ καὶ μαστιγώσουσιν αὐτὸν 35 τοῦ
Ζεβεδαίου λέγοντες αὐτῷ σὺ ποιήσῃς 40 ἡτοίμασται
ὑπὸ τοῦ πατρός μου 43 μέγας γενέσθαι ὑμῶν διάκονος
44 ὃς ἐὰν 48 αὐτὸς δὲ pro ὁ δὲ 50 ἀναπηδήσας pro
ἀναστὰς 51 αὐτῷ ὁ Ἰησοῦς εἶπεν τί σοι θέλεις ποιήσω
52 αὐτῷ pro τῷ Ἰησοῦ

XI 1 ἐγγίζουσιν ὁ Ἰησοῦς καὶ οἱ μαθηταὶ αὐτοῦ εἰς Ἱεροσόλυμα καὶ ἦλθεν εἰς Βηθφαγὴ καὶ   2 ἀγάγετέ μοι   3 τί λύετε τὸν πῶλον *pro* τί ποιεῖτε τοῦτο   4 δεδεμένον τὸν πῶλον   5 ἑστώτων   6 ἐνετείλατο αὐτοῖς   7 φέρουσιν *pro* ἤγαγον   8 καὶ πολλοὶ *pro* πολλοὶ δὲ   9 ὡσαννὰ τῷ ὑψίστῳ   10 καὶ εὐλογημένη   11 *ante* εἰς τὸ ἱερόν *om.* καὶ   ἔτι *pro* ἤδη   13 ἀπὸ μακρόθεν εἰ ἄρα τι   φύλλα μόνον   14 ὁ Ἰησοῦς *om.*   μηκέτι εἰς τὸν αἰῶνα ἐκ σοῦ καρπὸν μηδεὶς φάγοι   15 τοὺς ἀγοράζοντας   18 οἱ ἀρχιερεῖς καὶ οἱ γραμματεῖς   19 ὅταν *pro* ὅτε   ἐξεπορεύοντο   20 παραπορευόμενοι πρωὶ   21 ἰδοὺ *pro* ἴδε   22 ὁ Ἰησοῦς   23 εἰ ἔχετε πίστιν   πιστεύσετε   λέγετε (*sed infra* αὐτῷ, *&c.*?)   24 ὅτι πάντα   προσεύχεσθε καὶ αἰτεῖσθε   28 ἢ τίς σοι ἔδωκεν τὴν ἐξουσίαν   29 Ἰησοῦς *om.*   κἀγὼ ὑμῖν ἐρῶ ἕνα   30 Ἰωάννου, πόθεν ἦν; ἐξ οὐρανοῦ ἢ   31 διελογίζοντο   οὖν *om.*   32 ἐὰν *om.*   33 τῷ Ἰησοῦ λέγουσιν

XII 1 ἄνθρωπος ἐφύτευσεν   ᾠκοδόμησεν αὐτῷ πύργον   2 ἀπὸ τῶν καρπῶν   6 ἕνα εἶχεν υἱὸν (*et add.* καὶ?)   αὐτὸν *sine* καὶ ἔσχατον πρὸς αὐτοὺς   7 γεωργοὶ θεασάμενοι αὐτὸν ἐρχόμενον πρὸς ἑαυτοὺς εἶπον   8 ἐξέβαλον αὐτὸν   11 ὑμῶν *pro* ἡμῶν   12 ἐφοβοῦντο   τὴν παραβολὴν ταύτην   14 καὶ *pro* οἱ δὲ εἶπε οὖν ἡμῖν, ἔξεστιν ἐπικεφάλεον δοῦναι κῆνσον Καίσαρι ἢ οὔ;   17 τῷ Καίσαρι   ἐθαύμαζον   18 ἐπηρώτων   19 ἵνα *pro* ὅτι   20 ἑπτὰ οὖν ἀδελφοὶ ἦσαν παρ᾽ ἡμῖν   γυναῖκα καὶ ἀπέθανε καὶ ἀποθνήσκων   21 μὴ καταλείπων σπέρμα *pro* καὶ οὐδὲ κ.τ.λ.   22 καὶ οἱ ἑπτὰ ἔλαβον   ἔσχατον πάντων καὶ ἡ γυνὴ ἀπέθανεν   23 ἀναστάσει οὖν   25 ἄγγελοι Θεοῦ   26 τοῦ βάτου   ἐγὼ εἰμὶ   ὁ Θεὸς Ἰακὼβ καὶ ὁ Θεὸς Ἰσαὰκ   27 οὐκ ἔστιν Θεὸς   *ante* ζώντων *om.* Θεὸς   28 ἰδών *pro* εἰδὼς πάντων *pro* πασῶν   29 πρώτη πάντων ἐντολή   30 αὕτη ἐστὶν ἡ πρώτη ἐντολή   31 αὐτῆς *pro* αὕτη (*vel* ὁμοία αὐτῆς, αὕτη?)   34 οὐκ ἐτόλμα   35 Δαδ ἐστι   36 ἐν πνεύματι ἁγίῳ   37 πῶς *pro* πόθεν

XIII 1 εἶπεν *pro* λέγει   2 ἀποκριθεὶς ὁ Ἰησοῦς   ἀφεθῇ ὧδε   4 ταῦτα πάντα   6 εἰμὶ ὁ Χριστός   7 ὁρᾶτε μὴ   8 ἀρχὴ   ταῦτα πάντα   9 ἐπὶ ἡγεμόνας καὶ βασιλεῖς   10 πρῶτον δεῖ   11 προμεριμνήσηται   12 καὶ πατὴρ τέκνον μὴ   14 ἑστὸς ἐν τόπῳ ὅπου   18 χειμῶνος μηδὲ σαββάτῳ   19 κτίσεως κόσμου   20 ἐκολόβωσεν ὁ Θεὸς   24 τῶν ἡμερῶν ἐκείνων *pro* ἐκείνην   28 ὅταν ἤδη ὁ κλάδος αὐτῆς ἁπαλὸς   29 εἰδῆτε ταῦτα   30 ταῦτα *om.*   32 ἢ *pro* καὶ   οἱ ἄγγελοι τῶν οὐρανῶν   οὐδὲ ὁ υἱὸς εἰ μὴ ὁ πατὴρ μόνος   34 ὡς γὰρ γρηγορήσῃ   36 εὑρήσει

XIV 3 πολυτίμου *pro* πολοτελοῦς τὸν ἀλάβαστρον 5 τοῦτο τὸ μύρον 6 ἐν ἐμοί *pro* εἰς ἐμέ 7 πάντοτε εὖ ποιῆσαι 8 ἔσχεν τὸ σῶμά μου 9 ὅπου ἐὰν 10 Ἰούδας Ἰσκαριώτης (*sine* ὁ *bis*) αὐτὸν παραδῷ 11 ἀργύρια πῶς αὐτὸν εὐκαίρως 13 λέγων *pro* καὶ λέγει 14 κατάλυμά μου 15 ἡμῖν *pro* ὑμῖν καὶ ἐκεῖ 16 καὶ ἐξῆλθον ἑτοιμάσε αὐτῷ οἱ μαθηταὶ αὐτοῦ 19 λυπεῖσθαι καὶ ἀδημονεῖν ἐγώ εἰμι (1⁰) 22 καὶ εὐλογήσας 24 ἐκχυνόμενον εἰς ἄφεσιν ἁμαρτιῶν 27 διασκορπισθήσονται τὰ πρόβατα τῆς ποίμνης 29 εἰ καὶ 30 σὺ σήμερον 31 ὁ δὲ Πέτρος μᾶλλον ἐὰν δέῃ με σύν σοι ἀποθανεῖν 32 προσεύξομαι 35 προσελθὼν 36 τοῦτο ἀπ' ἐμοῦ ἀλλ' ὅ τι σύ 37 ἔρχεται πρὸς τοὺς μαθητὰς 38 γρηγορεῖτε οὖν 40 αὐτῶν οἱ ὀφθαλμοὶ ἀποκριθῶσιν αὐτῷ 41 ἀπέχει τὸ τέλος 42 μου *pro* με 43 Ἰούδας ὁ Ἰσκαριώτης ὢν *om.* 46 ἐπέβαλον τὰς χεῖρας αὐτῷ 50 ἀφέντες αὐτὸν οἱ μαθηταὶ ἔφυγον πάντες 51 ἠκολούθησεν 52 ἔφυγεν γυμνός 53 ἀρχιερέα Καϊάφαν 55 ἵνα αὐτὸν θανατώσουσιν 58 τοῦτον τὸν ναὸν ἀχειροποίητον *pro* τὸν χειροποίητον 59 ἦν *om.* 61 οὐκ ἀπεκρίνατο οὐδέν 62 ὁ δὲ Ἰησοῦς ἀποκριθεὶς εἶπεν αὐτῷ σὺ εἶπας ὅτι ἐγώ 64 εἶναι *post* θανάτου 65 περικαλύπτειν αὐτῷ αὐτοῦ *om. post* πρόσωπον προφήτευσον νῦν ἡμῖν Χριστέ, τίς ἐστιν ὁ παίσα σε (*sic*) 66 κάτω ἐν τῇ αὐλῇ 68 οὔτε οἶδα οὔτε σὺ τί λέγεις 69 παρεστῶσιν

XV 3 *post* πολλά *add.* αὐτὸς δὲ οὐδὲν ἀπεκρίνατο 6 ἀπέλυσεν 12 πάλιν ἀποκριθεὶς τὸν βασιλέα 13 ἐκραύγαζον *pro* ἔκραξαν 14 ἐκραύγαζον *pro* ἔκραξαν σταύρωσον σταύρωσον 15 ποιεῖν *pro* ποιῆσαι 16 ἔξω τῆς αὐλῆς 17 χλαμίδα κοκκίνην καὶ πορφύραν 18 ὁ βασιλεὺς *pro* βασιλεῦ 20 τὴν χλαμίδα καὶ πορφύραν 22 τὸν Γολγοθᾶ 23 διδοῦσι ἐσλαψινισμένον (*sic habet collatio*) *pro* ἐσμυρνισμένον 24 καὶ σταυρώσαντες δὲ διεμέρισαν 25 ὅτε *pro* καὶ 26 Ἰουδαίων οὗτος 30 κατάβηθι 32 εἰ ὁ Χριστὸς Ἰσραήλ ἐστιν πιστεύσωμεν αὐτῷ 33 καὶ γενομένης *pro* γενομένης δὲ 34 τῇ ἐννάτῃ ὥρᾳ 35 εἶδε *pro* ἰδοὺ 36 τε *om.* 39 υἱὸς Θεοῦ ἦν ὁ ἄνθρωπος οὗτος 40 καὶ 2⁰ *om.* ἡ τοῦ *om.* 41 καὶ 1⁰ *om.* 43 ἐλθὼν *pro* ἦλθεν 46 εἰς *pro* ἐπὶ

XVI 1 ἡ τοῦ *om.* τὸν Ἰησοῦν *pro* αὐτόν 2 τῇ μιᾷ τῶν σαββάτων 9 ἀναστὰς δὲ ὁ Ἰησοῦς 11 ἐκεῖνοι *pro* κἀκεῖνοι 14 ἐγηγερμένον ἐκ τῶν νεκρῶν 16 ὅτι ὁ πιστεύων *pro* ὁ πιστεύσας 19 κύριος Ἰησοῦς

ST. LUKE.

XXII 3 ante Σατανᾶς om. ὁ καλούμενον 4 ἀρχιερεῦσι καὶ γραμματεῦσι στρατηγοῖς τοῦ λαοῦ 5 ἀργύρια 6 ὁμολόγησε 8 ἀπέστειλεν ὁ Ἰησοῦς 9 ἑτοιμάσωμέν σοι 10 ὑπαντήσει 14 ἀπόστολοι om. 16 αὐτῷ *pro* ἐξ αὐτοῦ 18 add. ἀπὸ τοῦ νῦν sed quo loco per incuriam in collatione non notavi 19 κλόμενον *pro* διδόμενον 25 ὁ δὲ Ἰησοῦς 26 post ἡγούμενος add. γένεσθω 27 μείζων ἐστι 30 ἐπὶ δώδεκα θρόνων 34 ὁ δὲ Ἰησοῦς 35 οὐδ' ἑνός 36 δὲ *pro* οὖν 37 εἰ *pro* ἔτι 38 ἰδοὺ ὧδε μάχαιραι 42 παρενέγκαι 43, 44 om. m. pr. sed addidit m. alt. eiusdem fere temporis 47 προῆγεν *pro* προήρχετο ad fin. vers. τοῦτο γὰρ σημεῖον δέδωκεν αὐτοῖς ὃν ἂν φιλήσω αὐτός ἐστιν 49 τὰ ἐσόμενα 52 ἐξήλθατε post ξύλων add. συλλαβεῖν με 53 ἡ ὥρα ὑμῶν 57 ἠρνήσατο sine αὐτὸν οὐκ οἶδα αὐτὸν 60 ante ἀλέκτωρ om. ὁ 61 Ἰησοῦ *pro* Κυρίου πρὶν ἢ 64 ἐπηρώτησαν προφήτευσον ἡμῖν Χριστὲ 66 ἀπήγαγον 69 ἀπὸ τοῦ νῦν δὲ 71 εἶπαν μαρτύρων *pro* μαρτυρίας

XXIII 1 ἤγαγον πρὸς *pro* ἐπὶ 2 ἤρξαν *pro* ἤρξαντο ηὕραμεν 3 ἀποκρίθει αὐτῷ λέγων 8 ἐξ ἱκανῶν χρόνων 11 περιβαλών τε 12 ὅ τε Ἡρώδης καὶ ὁ Πιλᾶτος ἐν αὐτῇ τῇ ἡμέρᾳ 15 ἀνέπεμψεν γὰρ αὐτὸν πρὸς ἡμᾶς 17 ἀνάγκει δὲ εἶχεν αὐτοῖς κατὰ ἑορτὴν ἀπολύειν ἕνα 19 ἐν τῇ φυλακῇ *pro* εἰς φυλακήν 20 δὲ *pro* οὖν προσεφώνησεν αὐτοῖς 22 ἄξιον *pro* αἴτιον εὑρίσκω *pro* εὗρον 25 ante φυλακὴν om. τὴν 26 ἀπήγαγον αὐτὸν εἰς τὸ σταυρῶσαι ante ἐρχομένου om. τοῦ 27 γυναῖκες *pro* γυναικῶν ante ἐκόπτοντο om. καὶ 32 ἤγοντο δὲ αὐτῷ σὺν τῷ Ἰησοῦ καὶ ἕτεροι δύο σὺν αὐτῷ συναιρεθῆναι 33 ἦλθον *pro* ἀπῆλθον εἰς *pro* ἐπὶ 34 ἔβαλλον 35 ἐξεμυκτήριζον δὲ αὐτὸν οἱ ὁ υἱὸς τοῦ Θεοῦ ὁ ἐκλεκτός 37 σῶσον σεαυτὸν καὶ κατάβα ἀπὸ τοῦ σταυροῦ 45 ἐσχίσθη δὲ 48 ὄχλοι om. θεωρίσαντες 51 ὃς καὶ αὐτὸς προσεδέχετο 53 αὐτὸ 1° om. αὐτὸν *pro* αὐτὸ 2° ᾧ *pro* οὗ οὐδεὶς οὐδέπω ad. fin. vers. τεθέντος αὐτοῦ· ἐπέθηκε τῷ μνημείῳ λίθον 55 αἱ γυναῖκες ἀπὸ *pro* ἐκ 56 δὲ om.

XXIV 1 ἦλθον ὄρθρου βαθέος μνημεῖον *pro* μνῆμα 3 εἰσελθοῦσαι δὲ κυρίου om. 10 ἡ Ἰακώβου 18 εἷς sine ὁ ante Ἰερουσαλὴμ om. ἐν 20 αὐτὸν παρέδωκαν 34 ὄντως ἠγέρθη 44 καὶ εἶπεν *pro* εἶπε δὲ 47 ἀρξάμενος

Texts from Mount Athos.

ST. JOHN.

V 5 ἐκεῖ ἄνθρωπος   7 ναὶ κύριε ἄνθρωπον δὲ   8 ὕπαγε εἰς τὸν οἶκόν σου *pro* καὶ περιπάτει   10 κράβαττόν σου   11 ὁ δὲ ἀπεκρίθη   12 ἐστιν *om*.   ἐκεῖνος ὁ ἄνθρωπος   14 λέγει *pro* εἶπεν   15 ἀπήγγειλεν   17 αὐτοῖς λέγων   18 ἀλλ' ὅτι   19 ἀπεκρίθη   22 οὐδὲν γὰρ   κρινεῖ   28 θαυμάσητε ἀκούσωσιν   30 ἀλλὰ καθὼς   36 δέδωκέ   *ante* ποιῶ *om*. ἐγὼ   38 ἐν ὑμῖν μένοντα   44 ἀνθρώπων *pro* ἀλλήλων μονογενοῦς *pro* μόνου   47 πιστεύετε *pro* πιστεύσετε

VI 2 ἠκολούθη δὲ   ἐθεώρει *pro* ἑώρων   3 ὅρος *sine* τὸ 5 τοὺς ὀφθαλμοὺς ὁ Ἰησοῦς   m. pr. *om*. πρὸς τὸν Φίλιππον *sed add. m. sec. in rasura*   7 ὁ Φίλιππος   ἀκρκέσωσιν *pro* ἀρκοῦσιν 9 ἓν *om*.   ὃς *pro* ὃ   11 ἔδωκε *pro* διέδωκε   17 *ante* πλοῖον *om*. τὸ   γεγόνει   οὔπω *pro* οὐκ   21 ἐγένετο τὸ πλοῖον 22 εἰδὼς *pro* ἰδὼν   ἐκεῖνο *om*.   πλοῖον *pro* πλοιάριον 23 ἄλλα δὲ πλοιάρια ἦλθεν   τῆς Τιβεριάδος   οὗ *pro* ὅπου 24 πλοιάρια *pro* πλοῖα   27 βρῶσιν 2° *om*.   29 *ante* Ἰησοῦς *om*. ὁ   38 ἀπὸ *pro* ἐκ   40 γάρ *pro* δέ   τοῦ πατρός μου *pro* τοῦ πέμψαντός με   42 Ἰησοῦς *om*.   οὗτος λέγει 45 ἔστην *pro* ἔστι   οὖν *om*.   46 ἑώρακέν τις   47 εἰς ἐμὲ *om*.   51 ὁ ζῶν *om*.   ζήσει *pro* ζήσεται   52 οἱ Ἰουδαῖοι πρὸς ἀλλήλους   τὴν σάρκα δοῦναι   55 ἀληθής (? *bis*) 57 ἀπέσταλκε   ὁ πατὴρ ὁ ζῶν   ζήσει *pro* ζήσεται 58 ζήσει *pro* ζήσεται   60 ὁ λόγος οὗτος   63 λελάληκα *pro* λαλῶ   64 ὁ Ἰησοῦς ἐξ ἀρχῆς   μὴ *om*.   66 πολλοὶ τῶν μαθητῶν αὐτοῦ ἀπῆλθον   68 οὖν *om*.   70 ἐξελεξάμην τοὺς δώδεκα   71 Ἰσκαριώτου   παραδιδόναι αὐτόν

VII 1 μετὰ ταῦτα *ante* περιεπάτει   3 σου 2° *om*.   ἃ σὺ ποιεῖς 4 τι ἐν κρυπτῷ   8 οὐκ ἀναβαίνω   ὁ ἐμὸς καιρὸς   10 εἰς τὴν ἑορτὴν *ante* τότε   12 ἦν *ante* περὶ   ἄλλος ἔλεγεν *pro* ἄλλοι δὲ ἔλεγον   15 ἐθαύμαζον οὖν   21 *ante* Ἰησοῦς *om*. ὁ   29 *ad fin. vers. m. sec. add*. καὶ ἐὰν εἴπω ὅτι οὐκ οἶδα αὐτὸν ἔσομαι ὅμοιος ὑμῶν ψεύστης   30 τὰς χεῖρας *pro* τὴν χεῖρα   31 πολλοὶ ἐκ τοῦ ὄχλου οὖν   τούτων *om*.   32 ἤκουσαν οὖν   οἱ ἀρχιερεῖς καὶ οἱ Φαρισαῖοι   33 αὐτοῖς *om*.   35 εὑρίσκομεν   36 ὁ λόγος οὗτος   40 τῶν λόγων τούτων *pro* τὸν λόγον   41 ὅτι οὗτός οἱ *pro* ἄλλοι   42 ἢ οὐχὶ   ἔρχεται ὁ Χριστός   43 ἐγένετο *ante* ἐν τῷ ὄχλῳ   46 ἐλάλησεν οὕτως   50 πρὸς αὐτὸν νυκτὸς τὸ πρῶτον

VIII 1–11 *codex sic habet*:—Ἰησοῦς δὲ ἐπορεύθη εἰς τὸ ὅρος τῶν Ἐλαιῶν ὄρθρου. καὶ πάλιν παραγίνεται εἰς τὸ ἱερόν, καὶ πᾶς ὁ λαὸς ἤρχετο καὶ καθίσας ἐδίδασκεν αὐτούς. Ἄγουσιν δὲ οἱ γραμματεῖς καὶ οἱ Φαρισαῖοι γυναῖκα ἐπὶ ἁμαρτίᾳ εἰλημμένην, καὶ στήσαντες αὐτὴν ἐν μέσῳ λέγουσιν αὐτῷ ἐκπειράζοντες οἱ ἀρχιερεῖς ἵνα ἔχωσι κατηγορεῖν αὐτοῦ, Διδάσκαλε, αὕτη ἡ γυνὴ κατείληπται ἐπαυτοφώρῳ μοιχευομένη. Μωυσῆς δὲ ἡμῖν ἐν τῷ νόμῳ διακελεύει τὰς τοιαύτας λιθάζειν· σὺ τί λέγεις; ὁ δὲ Ἰησοῦς κάτω κεκυφὼς τῷ δακτύλῳ κατέγραφεν εἰς τὴν γῆν. ὡς δὲ ἐπέμενον ἀνερωτῶντες ἀνέκυψεν καὶ εἶπεν αὐτοῖς Ὁ ἀναμάρτητος ὑμῶν πρῶτος ἐπ' αὐτὴν βαλέτω λίθον· καὶ πάλιν κατακύψας τῷ δακτύλῳ κατέγραφεν εἰς τὴν γῆν. ἕκαστος δὲ τῶν Ἰουδαίων ἐξήρχετο ἀρξάμενοι ἀπὸ τῶν πρεσβυτέρων ὥστε πάντας ἐξελθεῖν, καὶ κατελείφθη μόνος, καὶ ἡ γυνὴ ἐν μέσῳ οὖσα. ἀνακύψας δὲ ὁ Ἰησοῦς εἶπεν τῇ γυναικί Ποῦ εἰσίν; οὐδείς σε κατέκρινεν; κἀκείνη εἶπεν Οὐδείς, κύριε. καὶ ὁ Ἰησοῦς εἶπεν Οὐδὲ ἐγώ σε κατακρίνω· πορεύου, ἀπὸ τοῦ νῦν μηκέτι ἁμάρτανε. 12 ἐλάλησεν αὐτοῖς ὁ Ἰησοῦς   16 δὲ om.   17 δὲ om.   19 ἂν ᾔδειτε   21 αὐτοῖς om.   ταῖς ἁμαρτίαις   23 ἔλεγεν pro εἶπεν   24 ἐὰν γὰρ ... ὑμῶν om.   25 εἶπεν οὖν pro καὶ εἶπεν   26 λαλῶ pro λέγω   27 ἔγνωσαν δὲ   29 καὶ οὐκ ἀφῆκέν ὁ πατήρ om.   35 ὁ υἱὸς ... αἰῶνα om.   36 ἔστε pro ἔσεσθε   38 ἃ pro ὃ bis   40 ἄνθρωπος   πατρός pro Θεοῦ   42 οὖν om.   44 ἐκ τοῦ πατρὸς τοῦ διαβόλου   46 με om.   δὲ om.   48 οὖν om.   53 σὺ om.   59 καὶ διελθὼν ἐπορεύετο καὶ παρῆγεν

The most interesting feature in this collation is the very remarkable similarity of the text of the *pericope adulterae* to that found in Codex Bezae.

It includes no less than eight variants which are peculiar to D 1071, though one of them, ἐπὶ ἁμαρτίᾳ pro ἐπὶ μοιχείᾳ, is supported by the version of the story which, according to Eusebius, was quoted by Papias from the *Gospel according to the Hebrews*, and by the Edschmiadzin Codex, published by Mr. F. C. Conybeare in the *Expositor* for December, 1895, p. 406.

This striking similarity suggests the possibility that the scribe of cod. 1071 made use of Codex Bezae, at least in this passage, and in that case we have a valuable hint that Codex Bezae was in the South of Italy in the twelfth century—

a suggestion which is strongly supported by Dr. Rendel Harris' book on the *Annotators of Codex Bezae*. In any case the scribe of cod. 1071 must have had as an exemplar for the *pericope adulterae* either Codex Bezae or a MS. with a similar text. As the text of cod. 1071 as a whole is not remarkable for any similarity to Codex Bezae, it would seem as though he only used it in order to correct his usual exemplar. The question therefore arises whether he may have made this use of it in other passages. To afford some data for answering this question I have appended a list, which is intended to be illustrative rather than exhaustive, of passages where cod. 1071 has the support of only a few other MSS. It will be seen that in some of these passages cod. 1071 is found together with Codex Bezae. But in the majority of instances this is not the case, and cod. 1071 has readings in common with almost every type of authority in turn.

Therefore I think that although it is quite probable that the scribe of cod. 1071 had access to Codex Bezae and made use of it in the *pericope adulterae*, it is improbable that he did so elsewhere, and except in the case of the *pericope*, there is no reason for thinking that the evidence of cod. 1071 is merely a direct copy of the evidence of Codex Bezae.

Mt V 18 *post νόμου add.* καὶ τῶν προφητῶν c. 13-124-543 565; arm syr-hr Iren-*lat*   **22** *ante* μωρέ *add.* τῷ ἀδελφῷ αὐτοῦ c. L, 1-209 13-124-543 700; ff₁ syrr-sin-cur arm boh   **44** καλῶς ... μισοῦντας ὑμᾶς *om.* c. אB, 1-209 22; k syrr-sin-cur boh; Athen Clem Orig Iren-*lat* Cyp

VI 5 προσεύχεσθε ... ἔσεσθε c. א* et ᶜBZ, 1-118-209 22 lat *pler* sah boh syr-hl mg arm-codd Orig Clem Aug   **24** οὐδεὶς οἰκέτης c. LΔ, *al. pauc.*   **28** κοπιῶσιν οὐδὲ νήθουσιν c. אB, 1-118-209 4 33; Athan Clem   **32** ταῦτα γὰρ πάντα Δ, 13-124-543; c f ff₂ vg; Aug   **32** ἐπιζητοῦσιν c. אB, 1-118-209 4 13-124-543 22 207; Max

XXI 24 *post* αὐτοῖς *add.* ἀμὴν λέγω ὑμῖν c. *nulla auctoritate* **26** οὖν *om.* c. DL, 28 126 700 *al*; a b e ff₂ 9 syr-sin-pesh; Orig

Mc I 7 κύψας *om.* c. D, 28 256 565   **17** γενέσθαι *om.* c.

1-118-131-209 13-69 28 48 108 115 127 258 274 700; b syrr-sin-pesh aeth perss   26 φωνῆσαν pro (φωνήσας) κράξαν c. אBL, 33; Orig Dam   36 ὅ τε Σίμων c. (D)KΠ, 1-118-131-209 69-124-543 28 al. pauc. (D* τε Σίμων, D² τότε Σίμων)   45 δύνασθαι αὐτὸν c. אΦ, 225 245 292 700

II 3 φέροντες πρὸς αὐτὸν c. אBL, 33   16 ἐσθίει καὶ πίνει ὁ διδάσκαλος ὑμῶν c. LΔ, 69-346 al. pauc.; f ff₂ g₁ l vg boh   24 ποιοῦσιν οἱ μαθηταί σου c. DM, 1-118-131-209 13-69-124-346-543 28 61 115 161 472 565 700; latt syrr-sin-hr aeth   25 λέγει pro ἔλεγεν c. אCL, 13-69-124-543 28 33 700 b d f g₁ i q vg (ait) boh

III 16 ἐπέθηκεν αὐτοῖς ὀνόματα τῷ Σίμωνι Πέτρον c. 33 238; aeth 33 καὶ ἀποκριθεὶς αὐτοῖς λέγει c. אBCLΔ; vg boh syr-hl

IV 8 αὐξανόμενα c. אB   11 λέγεται pro γίνεται c. D, 28 64 124 565; a b c ff₂ g₁ i q   41 οἱ ἄνεμοι c. אca(D)E, 1-118-131-209 33 al. pauc.; c g₂ i q boh pesh aeth; Vict-Ant

V 1 Γεργεσηνῶν c. אcaLUΔ, 1-118-131-209 28 33 565 700 al. pauc.; boh syr-sin-hl-mg Epiph. Thphyl. (? Orig)   27 τοῦ κρασπέδου τοῦ ἱματίου c. M, 1-118-209 33   33 add. διὸ πεποίηκε c. D, 50 124 565 a ff² i arm (syr-sin defic.) sed haec et λάθρα addunt

VI 2 πάντα c. (א)(C*)Δ, al. pauc. f g₁ g₂ vg   7 τοὺς δώδεκα μαθητὰς αὐτοῦ c. D, 474 569 b ff₂ g₂ i q (sed D latt om. αὐτοῦ)   26 ἤθελεν pro ἠθέλησεν c. Π*, 1-209 al. pauc.   39 ἀνακλιθῆναι c. אB*SΦ, 1-118-209 13-69-346-543 28 157 565 700 al. pauc.

VII 31 ἀπὸ pro ἐκ c. 565   36 περισσοτέρως c. אDWᵈ, 61 700

VIII 2 ὄχλον τοῦτον c. L al. pauc.; a b c f ff₂ g₁ i q boh syrr-sin-pesh   4 ὧδε om. c. DH, 69; b c ff₂ i q go   8 ἐχορτάσθησαν πάντες c. KMΠ, 33 al. pauc.   24 εἶπεν pro ἔλεγεν c. א*C, al. pauc.

IX 22 post ἡμᾶς add. κύριε c. 262 (cf DG, 565; a b g₂ i q arm)   38 ἔφη pro ἀπεκρίθη c. אBΔΨ; boh syr-pesh   ὃς ... ἡμῖν om. c. אBCLΔΨ, 10 115 346; f boh syr-sin-pesh aeth arm perss

X 21 post ὑστερεῖ add. εἰ θέλεις τέλειος εἶναι c. al. pauc.; arm; Clem (et add. ante ἕν KMNΠ, 13-69-124-346-543 28 565 al. pauc.; boh syr hl c* aeth)   40 ad fin. vers. add. ὑπὸ τοῦ πατρός μου c. א* et cb, 1-118-209 al. pauc.; a syr hl mg

XI 3 τί λύετε τὸν πῶλον c. D, 13-69-124-346-543 28 565 700; a b f ff₂ i arm Orig

XII 14 ἐπικεφάλεον c. D, 124 565; k (capitularium)

XIII 32 ὁ πατὴρ μόνος c. 13-124-346-543 262 565; a k sah aeth.

XIV 41 ἀπέχει τὸ τέλος c. D, 13-69-124-346-543 565; d q (*sufficit finis*)

XV 12 πάλιν ἀποκριθεὶς c. אBC, 33; syr-hl aeth   13 ἐκραύγαζον c. 472 565   46 εἰς τὴν θύραν c. Δ

Lc XXII 4 *add.* καὶ τοῖς γραμματεῦσιν c. CP, 48 60 106 127 254 346 700; a b c e ff$_2$ i l q syrr-sin-cur-pesh-hl arm aeth; Eus-dem   47 προῆγεν D, 1-118-131-209 69-124 22 *al. pauc.*

XXIII 1 πρὸς *pro* ἐπὶ c. L, 157 *al. pauc.*   3 ἀπεκρίθη αὐτῷ λέγων c. D (1-118-131-209); a (sah boh)   27 γυναῖκες c. D, 243; c f sah syr-cur-pesh   35 ἐξεμυκτήριζον δὲ αὐτὸν c. אD, 1-118-131-209 239 248 482; a c arm-ed   ὁ υἱὸς τοῦ Θεοῦ ὁ ἐκλεκτὸς c. 13-69-124-346-543 (126 472); sah boh syr-hr-hl arm; Eus-dem   53 *add. ad fin. vers.* τεθέντος αὐτοῦ· ἐπέθηκε τῷ μνημείῳ λίθον c. D; c sah (*sed add.* ὃν μόγις εἴκοσι ἐκύλιον)

XXIV 3 κυρίου *om.* c. f sah syrr-sin-cur-pesh   44 καὶ εἶπεν *pro* εἶπε δὲ c. D; a c e f ff$_2$ l q vg syr-pesh-hr aeth

Jo V 38 ἐν ὑμῖν μένοντα c. אBL, 1-118-209 (13)-124 33 *al. pauc.*; Cyr   44 τοῦ μονογενοῦς Θεοῦ cf. Eus-prep. μόνου τοῦ ἑνὸς

VI 17 οὔπω c. אBLD, 33 13-69-124-543 *al. pauc.*; a b e syr-hr; Cyr   47 εἰς ἐμὲ *om* c. אBLT; arm   57 ἀπέσταλκε c. D, 13-69-124-543 *al. pauc.*

VII 8 οὐκ *pro* οὔπω c. אDKMΠ, 17 389 482; a b c e al boh syrr-sin-cur

VIII 24 ἐὰν ... ὑμῶν *om.* c. 118*-209* 33 *al. pauc.*; ff$_2$ 35 ὁ υἱὸς ... αἰῶνα *om.* c. אΧΓ, 33 124 *al. pauc.*; Clem.

V. SOME CHAPTERS OF THE ACTA PILATI.

ANY attempt at textual criticism of the A recension of Acta Pilati is rendered a task even more difficult than it naturally is by the obscure and subjective arrangement of the text and apparatus in Tischendorf's edition. So far however as a superficial examination of the material can show, the MSS. which Tischendorf quotes are none of them very closely related. He uses, at least partially, nine Greek MSS., ABCDEFGHI (among which BFH and CGE seem to form groups, though with much mixture), a Latin version, and an early Coptic version. To this apparatus Mr. Conybeare added in *Studia Biblica*, iv. 3, two Armenian versions, which are substantially the same, translated into Greek and Latin. The text now printed is that of another Greek MS., which may be called J.

This is ff. 322^r-336^v of a paper MS. at the Laura, numbered Λ 117, written in the fourteenth or fifteenth century. Had time not been pressing, or had the monks been willing to allow the codex to be photographed, it would have been possible to give the text complete. As it is, I can only offer the results of an exceedingly hurried collation of chaps. 1, 3-12, made with a copy of the 1853 edition of Tischendorf's *Evangelia Apocrypha*, which Father Chrysostom very kindly lent us.

There can be little doubt that this MS. does not belong to any group of MSS. used by Tischendorf, and that while in some places the hand of the redactor is apparent, in others the text has every appearance of being early.

Any elaborate analysis would be out of place, but it may be well to mention briefly a few points which seem interesting.

Texts from Mount Athos.

1. There are a considerable number of places where a text hitherto found only in versions now receives the support of a Greek MS. Among others the following are noticeable:—

(α) Preface. Ἐν ἔτει ἐννεακαιδεκάτῳ : so Lat. (Copt.) Arm.[a]: cf. Eusebius' Chronology.

(β) 1, 3. ὅτε με ἀπέστειλας : so Lat. Copt. Arm. All Greek MSS. prefix κύριε ἡγεμὼν or a similar phrase.

(γ) 1, 6. λέγει τοῖς Ἰουδαίοις : cf. Arm.[a] λέγει αὐτοῖς. Gk. Lat. Copt. read λέγει τοῖς ἀρχισυναγώγοις καὶ τοῖς πρεσβυτέροις τοῦ λαοῦ.

(δ) 1, 6. κάμπτονται ἀφ' ἑαυτῶν καὶ προσκυνοῦσιν : the Coptic is the only other authority for καὶ προσκυνοῦσιν.

(ε) 5, 1. Add. ἀλλ' οὐχ ὅλα: so Lat. Arm. (Copt.). No Greek MSS. read this, but there is a trace of it in a fairly widespread reading οὐκ ὀλίγα.

(ζ) 12, 1. ἐμφανισθεὶς : so Arm. Others apparently παρεκβάς.

2. Certain readings which have no support are interesting. Chief among these are:—

(α) 6, 1 seqq. In most authorities the evidence of the various Jews who testify to miracles of healing is introduced by the phrase παραπηδήσας. (On the possible origin of this see Dr. Rendel Harris' *Homeric Centones*.) In J this phrase is consistently omitted, but in three places the similarly descriptive touch is added that the evidence was given 'μετὰ δακρύων.'

(β) 6, 2. The evidence of the κωφός is not given in any other authority.

(γ) 9–10. The two malefactors. In all other authorities, except one passage (16, 7) in Arm.[β], Δυσμᾶς is always mentioned first, is on the right hand, and is the penitent thief. In J the exact opposite is the case, and this fact becomes important in the light of the lecture on the subject of these names delivered by Dr. Rendel Harris at Mansfield College, where he showed reasons for thinking that in the primitive form of the tradition the names and characters were as in J.

The existence of such a MS. was unknown to him when he first wrote his lecture, though he knew of it in time to mention it—a remarkable, and indeed unusual, confirmation of theory by discovery.

(δ) 12, 1. The statement that the room was sealed with Kaiaphas' signet is unique. It is an extraordinary addition, whether early or late, since taken in connexion with the fact that Kaiaphas had also charge of the key, it creates an obvious and irresistible chain of circumstantial evidence that Kaiaphas secretly let Joseph out of his prison.

Ὑπομνήματα Ἰησοῦ Χριστοῦ πραχθέντα ἐπὶ Ποντίου Πιλάτου ἱστορήσαντος Νικοδήμου καὶ συντάξαντος αὐτοῦ γράμμασι ῥωμαϊκοῖς, ἑβραϊκοῖς καὶ ἑλληνικοῖς[1].

Ἐν ἔτει ἐννέα καὶ δεκάτῳ τῆς ἡγεμονίας Τιβερίου Καίσαρος βασιλέως Ῥωμαίων καὶ Ἡρώδου τοῦ υἱοῦ τοῦ πρώτου Ἡρώδου βασιλέως τῆς Γαλιλαίας τῇ πρὸ ὀκτὼ καλανδῶν Ἀπριλλίων ἥτις ἐστὶν Μαρτίῳ καὶ ἐπὶ ὑπατίας Ῥούφου καὶ Ῥουμελίωνος ἐν τῷ τετάρτῳ ἔτει τῆς διακοσιοστῆς δευτέρας ὀλυμπιάδος ἐπὶ ἀρχιερέων τῶν Ἰουδαίων Ἰωσήπου καὶ Ἄννα καὶ Καϊάφα, ὅσα κατὰ τὸν σταυρὸν καὶ τὸ πάθος τοῦ κυρίου ἡμῶν Ἰησοῦ Χριστοῦ συνέταξεν κατὰ ἀκρίβειαν τὰ πεπραγμένα τοῖς ἱερεῦσι καὶ τοῖς λοιποῖς Ἰουδαίοις οὗτος.

I. 1. Ὁ Ἄννας καὶ Καιάφας καὶ Σουμὴν καὶ Δοθαὴλ καὶ Γαμαλιὴλ Ἰούδας καὶ Νεφθαλεὶμ Ἀλέξανδρος Ἕρμιλος καὶ οἱ λοιποὶ τῶν Ἰουδαίων ἦλθον πρὸς Πιλᾶτον κατηγοροῦντες τοῦ Ἰησοῦ περὶ πολλῶν πράξεων λέγοντες ὅτι Τοῦτον οἴδαμεν υἱὸν εἶναι Ἰωσὴφ τοῦ τέκτονος ἀπὸ Μαρίας γεννηθέντα, καὶ λέγει ἑαυτὸν εἶναι υἱὸν Θεοῦ καὶ βασιλέα, οὐ μόνον δὲ τοῦτο ἀλλὰ καὶ τὰ σάββατα βεβηλοῖ καὶ τὸν πάτριον νόμον ἡμῶν βούλεται καταλύειν· νόμον δὲ ἔχομεν τοιοῦτον ἐν σαββάτῳ μὴ θεραπεύειν τινά· οὗτος δὲ χωλοὺς καὶ λεπροὺς καὶ τυφλοὺς καὶ παραλυτικοὺς καὶ δαιμονιζομένους

[1] The MS. has at this point the Prologue of Ananias, but I did not collate it.

ἐθεράπευσεν ἀπὸ κακῶν πράξεων. Ἀποκριθεὶς δὲ ὁ Πιλᾶτος λέγει αὐτοῖς Ποίων κακῶν πράξεων; λέγουσιν αὐτῷ· Γόης ἐστὶν καὶ ἐν Βεελζεβοὺλ ἄρχοντι τῶν δαιμονίων ἐκβάλλει τὰ δαιμόνια καὶ πάντα αὐτῷ ὑποτάσσεται· λέγει αὐτοῖς ὁ Πιλᾶτος· τοῦτο οὐκ ἔστιν ἐν πνεύματι ἀκαθάρτῳ ἐκβάλλειν τὰ δαιμόνια, ἀλλ' ἐν θεῷ.

2. Λέγουσιν οἱ Ἰουδαῖοι τῷ Πιλάτῳ, Ἀξιοῦμεν τὸ ὑμέτερον μέγεθος ὥστε αὐτὸν παραστῆναι τῷ βήματι ἡμῶν καὶ ἀκοῦσαι αὐτόν. Καὶ προσκαλεσάμενος ὁ Πιλᾶτος τοὺς Ἰουδαίους λέγει, Δύναμαι ἐγὼ ἡγεμὼν ὢν βασιλέα ἐξετάσαι; λέγουσιν αὐτῷ Ἡμεῖς οὐ λέγομεν βασιλέα αὐτὸν εἶναι ἀλλ' οὗτος ἑαυτὸς λέγει. Προσκαλεσάμενος δὲ ὁ Πιλᾶτος κούρσουρα λέγει αὐτῷ, Μετὰ ἐπιεικείας ἀχθήτω ὁ Ἰησοῦς. Ἐξελθὼν οὖν ὁ κούρσωρ καὶ ἐπιγνοὺς αὐτὸν προσεκύνησεν, καὶ λαβὼν τὸ καθάπλωμα τῆς χειρὸς αὐτοῦ ἥπλωσεν χαμαὶ καὶ λέγει αὐτῷ, Κύριε ὧδε περιπάτησον καὶ ἐπίβηθι ὅτι ὁ ἡγεμών σε καλεῖ. Ἰδόντες δὲ οἱ Ἰουδαῖοι ὃ ἐποίησεν ὁ κούρσωρ κατέκραξαν τοῦ Πιλάτου λέγοντες, Διὰ τί μὴ ὑπὸ πραίκωνος εἰσελθεῖν ἀλλ' ὑπὸ κούρσουρος, καὶ γὰρ ὁ κούρσωρ θεασάμενος αὐτὸν προσεκύνησε καὶ τὸ φακεόλιον ὃ εἶχεν ἥπλωσε χαμαὶ καὶ λέγει αὐτῷ Κύριε ἐπίβηθι ὅτι ὁ ἡγεμών σε καλεῖ.

3. Λέγει ὁ Πιλᾶτος τῷ κούρσουρι Τί τοῦτο ἐποίησας; λέγει αὐτῷ ὁ κούρσωρ, Ὅτε με ἀπέστειλας εἰς Ἰεροσόλυμα πρὸς τὸν Ἀλέξανδρον εἶδον αὐτὸν καθήμενον ἐπὶ ὄνου καὶ οἱ παῖδες τῶν Ἑβραίων Ἑβραϊστὶ ἔκραζον κλάδους κατέχοντες ἐν ταῖς χερσίν, ἄλλοι δὲ ἐστρώννυον τὰ ἱμάτια αὐτῶν λέγοντες Σῶσον δὴ ὁ ἐν ὑψίστοις, εὐλογημένος ὁ ἐρχόμενος ἐν ὀνόματι κυρίου.

4. Καὶ κράζουσιν οἱ Ἰουδαῖοι λέγοντες, Οἱ μὲν παῖδες τῶν Ἑβραίων Ἑβραϊστὶ ἔκραζον σὺ δὲ πόθεν γινώσκεις Ἑβραϊστὶ Ἕλλην ὤν; λέγει αὐτοῖς ὁ κούρσωρ, Ἠρώτησά τινα τῶν Ἰουδαίων, τί ἐστιν ὃ κράζουσιν Ἑβραϊστὶ οἱ παῖδες; λέγουσιν αὐτῷ οἱ Ἰουδαῖοι, Ὡσαννά· λέγει δὲ αὐτοῖς ὁ Πιλᾶτος Καὶ τὸ ὡσαννὰ τί ἑρμηνεύεται; λέγουσιν αὐτῷ Σῶσον δή· λέγει αὐτοῖς ὁ Πιλᾶτος Εἰ ὑμεῖς μαρτυρεῖτε τὰς φωνὰς τὰς παρὰ τῶν παίδων λεχθείσας, τί ἥμαρτεν ὁ κούρσωρ; οἱ δὲ ἐσιώπων. Λέγει ὁ ἡγεμὼν τῷ κούρσουρι, Ἔξελθε καὶ οἵῳ βούλει τρόπῳ εἰσάγαγε αὐτόν· ἐξελθὼν δὲ ὁ κούρσωρ ἐποίησεν τῷ σχήματι τῷ πρώτῳ ἁπλώσας τὸ φακεόλιον αὐτοῦ καὶ λέγει τῷ Ἰησοῦ Κύριε, ὧδε ἐπίβηθι καὶ εἴσελθε ὅτι ὁ ἡγεμών σε καλεῖ.

5. Εἰσελθόντος δὲ τοῦ Ἰησοῦ καὶ τῶν σιγνοφόρων κατεχόντων τὰς προτομάς, ἐκάμφθησαν ἀφ' ἑαυτῶν αἱ προτομαὶ τῶν σίγνων καὶ προσεκύνησαν τῷ Ἰησοῦ· ἰδόντες δὲ οἱ Ἰουδαῖοι τὸ σχῆμα τῶν σίγνων πῶς ἐκάμφθησαν καὶ προσεκύνησαν αὐτῷ, ἐμμενῶς ἔκραζον κατὰ τῶν σιγνοφόρων, ἐμβριμώμενος δὲ ὁ Πιλᾶτος κατὰ τῶν Ἰουδαίων λέγει αὐτοῖς, Τί κράζετε κατὰ τῶν σιγνοφόρων ὅτι αὐτοὶ ἔκαμψαν αὐτὰς τῷ προσκυνῆσαι; λέγουσιν οἱ Ἰουδαῖοι πρὸς Πιλᾶτον Ἡμεῖς εἴδομεν πῶς ἐκάμφθησαν αἱ προτομαὶ ὑπὸ τῶν σιγνοφόρων καὶ προσεκύνησαν αὐτῷ. προσκαλεσάμενος δὲ ὁ Πιλᾶτος τοὺς σιγνοφόρους λέγει αὐτοῖς, Τί τοῦτο ἐποιήσατε; λέγουσιν τῷ Πιλάτῳ, Ἡμεῖς ἄνδρες Ἑλληνισταί ἐσμεν καὶ ἱερόδουλοι καὶ πῶς εἴχαμεν προσκυνῆσαι αὐτῷ; καὶ γὰρ ἡμεῖς κατέχοντες τὰς προτομὰς αὗται ἀφ' ἑαυτῶν ἐκάμφθησαν καὶ προσεκύνησαν αὐτῷ.

6. Λέγει τοῖς Ἰουδαίοις ὁ Πιλᾶτος Ἐκλέξασθε ὑμεῖς ἐν ἑαυτοῖς ἄνδρας δυνατοὺς ἐν ἰσχύι καὶ κατασχέτωσαν τὰ σίγνα καὶ ἴδωμεν εἰ ἑαυτοῖς κάμπτονται ἀφ' ἑαυτῶν καὶ προσκυνοῦσι. ἐπιλεξάμενοι δὲ οἱ τριβοῦνοι ἄνδρας ἐκ τοῦ λαοῦ δώδεκα ἐν ἰσχύι δυνατοὺς δέδωκαν αὐτοὺς κατασχεῖν τὰς προτομὰς καὶ στῆναι ἔμπροσθεν τοῦ ἡγεμόνος. καὶ λέγει ὁ Πιλᾶτος τῷ κούρσουρι Ἔκβαλε τὸν Ἰησοῦν ἔξωθεν τοῦ πραιτωρίου καὶ εἰσάγαγε αὐτὸν πάλιν οἵῳ βούλει τρόπῳ. Ἐξῆλθε δὲ ὁ Ἰησοῦς ἔξω τοῦ πραιτωρίου σὺν τῷ κούρσουρι. Προσκαλεσάμενος δὲ ὁ Πιλᾶτος τοὺς κατέχοντας τὰς προτομὰς τὸ πρότερον λέγει αὐτοῖς, ὀμόσας κατὰ τοῦ Καίσαρος, ὅτι Ἐὰν οὐ καμφθῶσιν αἱ προτομαὶ τῶν σίγνων εἰσελθόντος τοῦ Ἰησοῦ, ἀποτεμῶ τὰς κεφαλὰς ὑμῶν, ἐκέλευσε δὲ τῷ κούρσωρι τοῦ εἰσελθεῖν τὸν Ἰησοῦν ἐκ δευτέρου· καὶ πολλὰ παρεκάλεσεν ὁ κούρσωρ ἵνα ἐπιβῇ τὸ φακεόλιον αὐτοῦ. καὶ ἐπέβη καὶ εἰσῆλθεν, εἰσελθόντος δὲ τοῦ Ἰησοῦ ἐκάμφθησαν πάλιν ἀφ' ἑαυτῶν τὰ σίγνα καὶ προσεκύνησαν τῷ Ἰησοῦ.

* * * * * * *

III. 1. Θυμοῦ οὖν πλησθεὶς ὁ ἡγεμὼν ἐξῆλθεν ἐκ τοῦ πραιτωρίου καὶ λέγει πρὸς τοὺς Ἰουδαίους, Μάρτυρα ἔχω τὸν ἥλιον ὅτι οὐδεμίαν αἰτίαν εὑρίσκω ἐν αὐτῷ. Ἀποκριθέντες δὲ οἱ Ἰουδαῖοι εἶπον τῷ Πιλάτῳ Εἰ μὴ ἦν οὗτος κακοποιὸς οὐκ ἄν σοι παρεδώκαμεν αὐτόν· λέγει αὐτοῖς ὁ Πιλᾶτος, Λάβετε αὐτὸν ὑμεῖς καὶ κατὰ τὸν νόμον ὑμῶν κρίνατε αὐτόν· λέγουσιν αὐτῷ, Ἡμῖν οὐκ ἔξεστιν ἀποκτεῖναι οὐδένα· λέγει αὐτοῖς ὁ Πιλᾶτος, Ὑμῖν εἶπεν ὁ Θεὸς μὴ ἀποκτεῖναι, ἀλλ' ἐμοί;

2. Καὶ εἰσῆλθεν μετ' ὀργῆς εἰς τὸ πραιτώριον καὶ προσκαλεσάμενος τὸν Ἰησοῦν κατ' ἰδίαν λέγει αὐτῷ, Τί οὗτοί σου καταμαρτυροῦσι; ὁ δὲ Ἰησοῦς ἐσιώπα· λέγει πρὸς αὐτὸν ὁ Πιλᾶτος Μήτι ἐγὼ Ἰουδαῖός εἰμι; τὸ ἔθνος τὸ σὸν καὶ πᾶν τὸ πρεσβυτέριον παρέδωκάν σε ἐμοί, τί ἐποίησας; ἀπεκρίθη ὁ Ἰησοῦς, Ἡ βασιλεία ἡ ἐμὴ οὐκ ἔστιν ἐκ τοῦ κόσμου τούτου· εἰ ἐκ τοῦ κόσμου ἦν ἡ βασιλεία ἡ ἐμὴ οἱ ὑπηρέται οἱ ἐμοὶ ἠγωνίζοντο ἂν ἵνα μὴ παραδοθῶ τοῖς Ἰουδαίοις· νῦν δὲ ἡ βασιλεία ἡ ἐμὴ οὐκ ἔστιν ἐντεῦθεν. λέγει αὐτῷ ὁ Πιλᾶτος Οὐκοῦν βασιλεὺς εἶ σύ; ἀπεκρίνατο ὁ Ἰησοῦς, Σὺ λέγεις ὅτι βασιλεύς εἰμι ἐγώ, ἐγὼ εἰς τοῦτο γεγέννημαι καὶ εἰς τοῦτο ἐλήλυθα εἰς τὸν κόσμον ἵνα πᾶς ὁ ὢν ἐκ τῆς ἀληθείας ἀκούῃ μου τῆς φωνῆς· λέγει αὐτῷ ὁ Πιλᾶτος. Τί ἐστιν ἀλήθεια; ἐξ οὐρανοῦ; ἐπὶ τῆς γῆς ἀλήθεια οὐκ ἔστιν· λέγει αὐτῷ ὁ Ἰησοῦς Ὁρᾷς, οἱ τὴν ἀλήθειαν λέγοντες πῶς κρίνονται ἀπὸ τῶν ἐχόντων τὴν ἐξουσίαν ἐπὶ τῆς γῆς.

IV. 1. Καταλιπὼν δὲ τὸν Ἰησοῦν ὁ Πιλᾶτος ἐξῆλθεν ἔξω τοῦ πραιτωρίου πρὸς τοὺς Ἰουδαίους καὶ λέγει αὐτοῖς, Ἴδε ἐγὼ οὐδεμίαν αἰτίαν εὑρίσκω ἐν τῷ ἀνθρώπῳ τούτῳ· λέγουσιν αὐτῷ, Οὗτος εἶπεν δύναμαι καταλῦσαι τὸν ναὸν τοῦτον καὶ διὰ τριῶν ἡμερῶν ἐγεῖραι αὐτόν· λέγει αὐτοῖς ὁ Πιλᾶτος, Ποῖον ναόν; λέγουσιν αὐτῷ, Ὃν ᾠκοδόμησεν Σολομὼν ἐν τεσσαράκοντα καὶ ἓξ ἔτεσι καὶ οὗτος λέγει διὰ τριῶν ἡμερῶν ἐγεῖραι αὐτόν; λέγει αὐτοῖς ὁ Πιλᾶτος, Ἀθῷός εἰμι ἀπὸ τοῦ αἵματος τοῦ δικαίου τούτου, ὑμεῖς ὄψεσθε· λέγουσιν οἱ Ἰουδαῖοι, Τὸ αἷμα αὐτοῦ ἐφ' ἡμᾶς καὶ ἐπὶ τὰ τέκνα ἡμῶν.

2. Προσκαλεσάμενος (?) δὲ ὁ Πιλᾶτος τοὺς πρεσβυτέρους τοῦ λαοῦ καὶ λέγει αὐτοῖς, Μὴ οὕτως λάθρα ποιήσατε, οὐδὲν γὰρ ἄξιον θανάτου κατηγορεῖτε αὐτοῦ, ἡ γὰρ κατηγορία ὑμῶν περὶ θεραπείας καὶ βεβηλώσεως σαββάτου ἐστίν· λέγουσιν οἱ πρεσβύτεροι καὶ οἱ γραμματεῖς πρὸς τὸν ἡγεμόνα, Κατὰ Καίσαρος ἐάν τις βλασφημήσῃ, ἄξιος θανάτου ἐστίν, οὗτος κατὰ τοῦ Θεοῦ ἐβλασφήμησε.

3. Προσέταξε δὲ ὁ ἡγεμὼν ἐξελθεῖν τοὺς Ἰουδαίους καὶ προσκαλεσάμενος τὸν Ἰησοῦν λέγει αὐτῷ Τί ποιήσω σε; λέγει ὁ Ἰησοῦς τῷ Πιλάτῳ, Οὕτως ἐδόθη· λέγει ὁ Πιλᾶτος Πῶς ἐδόθη; λέγει ὁ

Ἰησοῦς, Μωυσῆς καὶ οἱ προφῆται προεκήρυξαν περὶ τοῦ θανάτου μου καὶ τῆς ἀναστάσεως· παριστορήσαντες δὲ οἱ Ἰουδαῖοι καὶ ἀκούσαντες λέγουσι τῷ Πιλάτῳ, Τί πλεῖον θέλεις καὶ μεῖζον τῆς βλασφημίας ταύτης ἀκοῦσαι; λέγει αὐτοῖς ὁ Πιλᾶτος, Εἰ οὗτος ὁ λόγος βλάσφημός ἐστιν, περὶ τῆς βλασφημίας ταύτης λάβετε αὐτὸν ὑμεῖς καὶ ἀπαγάγετε εἰς τὴν συναγωγὴν ὑμῶν καὶ κρίνατε αὐτόν· λέγουσιν οἱ Ἰουδαῖοι τῷ Πιλάτῳ, Ὁ νόμος ἔχει ὅτι ἄνθρωπος εἰς ἄνθρωπον ἐὰν ἁμαρτήσῃ ἄξιός ἐστιν λαμβάνειν τεσσαράκοντα παρὰ μίαν, ὁ δὲ εἰς Θεὸν βλασφημῶν λιθοβολίᾳ λιθοβοληθήσεται.

4. Λέγει αὐτοῖς ὁ Πιλᾶτος, Λάβετε οὖν αὐτὸν ὑμεῖς καὶ οἵῳ βούλεσθε τρόπῳ ἀμύνασθε αὐτόν· λέγουσιν αὐτῷ οἱ Ἰουδαῖοι, Ἡμεῖς βουλόμεθα ἵνα σταυρωθῇ· λέγει ὁ Πιλᾶτος Οὔκ ἐστιν ἄξιος σταυρωθῆναι.

5. Περιβλεψάμενος δὲ ὁ ἡγεμὼν εἰς τοὺς περιεστῶτας ὄχλους θεωρεῖ τινας δακρύοντας τῶν Ἰουδαίων καὶ λέγει αὐτοῖς, Οὐ πᾶν τὸ πλῆθος θέλει αὐτὸν ἀποθανεῖν· λέγουσιν αὐτῷ οἱ πρεσβύτεροι τοῦ λαοῦ Διὰ τοῦτο ἤλθαμεν ἅπαν τὸ πλῆθος ἵνα ἀποθάνῃ, ἑαυτὸν υἱὸν Θεοῦ καὶ βασιλέα λέγει.

V. 1. Νικόδημος ἄρχων τῶν Ἰουδαίων ἔστη ἔμπροσθεν τοῦ Πιλάτου λέγων, Ἀξιῶ τὸ ὑμέτερον κράτος εὐσεβῆ τοῦ μακροθυμεῖν ἀκοῦσαί μου· λέγει ὁ Πιλᾶτος, Εἰπὲ ὃ βούλει· λέγει ὁ Νικόδημος, Εἶπον τοῖς ἀρχιερεῦσι καὶ τοῖς πρεσβυτέροις καὶ λευίταις καὶ παντὶ τῷ λαῷ ἐν τῇ συναγωγῇ, Τί συζητεῖτε μετὰ τοῦ ἀνθρώπου τούτου, ὅτι ὁ ἄνθρωπος οὗτος σημεῖα καὶ παράδοξα ἐποίησε καὶ ποιεῖ ἃ οὐδεὶς ἐποίησεν, ἄφετε οὖν αὐτὸν καὶ μὴ βούλεσθέ τι πονηρὸν κατ' αὐτοῦ. εἰ ἐκ Θεοῦ ἐστι τὰ σημεῖα ἃ ποιεῖ σταθήσονται· καὶ γὰρ Μωυσῆς ἀποσταλεὶς παρὰ Θεοῦ ἐν Αἰγύπτῳ πολλὰ σημεῖα ἐποίησε ἃ εἶπεν αὐτῷ ὁ Θεὸς ποιῆσαι ἔμπροσθεν Φαραὼ βασιλέως Αἰγύπτου, καὶ ἦσαν ἐκεῖ θεράποντες ἄνδρες Φαραὼ καὶ αὐτοὶ σημεῖα ἃ ἐποίησεν Μωυσῆς ἐποίησαν ἀλλ' οὐχ ὅλα, καὶ ἐπειδὴ τὰ σημεῖα ἃ ἐποίησαν οὐκ ἦσαν ἀπὸ Θεοῦ ἀπώλοντο καὶ αὐτοὶ καὶ πάντες οἱ πιστεύοντες αὐτοῖς· καὶ νῦν ἄφετε τὸν ἄνθρωπον τοῦτον, οὐ γάρ ἐστιν ἄξιος θανάτου.

2. Λέγουσιν οἱ Ἰουδαῖοι τῷ Νικοδήμῳ, Σὺ μαθητὴς αὐτοῦ ἐγένου καὶ τὸν λόγον ὑπὲρ αὐτοῦ ποιεῖς; λέγει πρὸς αὐτοὺς ὁ Νικόδημος,

Μὴ καὶ ὁ ἡγεμὼν μαθητὴς αὐτοῦ ἐγένετο καὶ τὸν λόγον ὑπὲρ αὐτοῦ ποιεῖ; οὐ κατέστησεν αὐτὸν Καῖσαρ ἐπὶ τοῦ ἀξιώματος τούτου; ἦσαν δὲ οἱ Ἰουδαῖοι ἐμβριμώμενοι καὶ τρίζοντες τοὺς ὀδόντας αὐτῶν κατὰ τοῦ Νικοδήμου, λέγει πρὸς αὐτοὺς ὁ Πιλᾶτος, Τί τρίζετε τοὺς ὀδόντας ὑμῶν κατὰ τούτου ἀκούσαντες παρ᾽ αὐτοῦ; λέγουσιν οἱ Ἰουδαῖοι τῷ Νικοδήμῳ, Τὴν ἀλήθειαν αὐτοῦ λάβῃς καὶ τὸ μέρος αὐτοῦ· λέγει αὐτοῖς Νικόδημος, Ἀμήν, ἀμήν, λάβω καθὼς εἴπατε.

VI. 1. Τις δὲ ἐκ τοῦ ὄχλου τῶν Ἰουδαίων ἐλθὼν ἔμπροσθεν ἠξίου εἰπεῖν λόγον· λέγει αὐτῷ ὁ Πιλᾶτος, Εἴ τι θέλεις εἰπέ· ὁ δὲ μετὰ δακρύων ἔλεγεν, Τριάκοντα ὀκτὼ ἔτη ἐπὶ κλίνης κατακείμενος ἤμην καὶ ἐν ὀδύνῃ πολλῇ ὑπῆρχον καὶ ἐλθόντος τοῦ Ἰησοῦ πολλοὶ δαιμονιζόμενοι καὶ ποικίλαις νόσοις κατακείμενοι ἐθεραπεύθησαν ὑπ᾽ αὐτοῦ, καί τινες νεανίσκοι κατελεήσαντές με ἐβάστασάν με μετὰ τῆς κλίνης καὶ ἀπήγαγόν με πρὸς αὐτόν· καὶ ἰδών με ὁ Ἰησοῦς ἐσπλαγχνίσθη καὶ λόγῳ μόνῳ αὐτός με ἐθεράπευσεν εἰπὼν Ἆρον τὸ κράββατόν σου καὶ περιπάτει. οἱ Ἰουδαῖοι εἶπον πρὸς τὸν Πιλᾶτον, Ἀξιοῦμεν τὸ ὑμέτερον μέγεθος καλεῖν ποίαν ἡμέραν ἐθεράπευσεν αὐτόν· ὁ δὲ ἔφη Σάββατον εἶναι καὶ πολλοὺς δαιμονιζομένους καὶ ποικίλαις νόσοις συνεχομένους τῷ λόγῳ αὐτοῦ ἐθεράπευσεν.

2. Ἕτερος δὲ μετὰ δακρύων εἶπε τῷ Πιλάτῳ Ἐγὼ τυφλὸς ἐγεννήμην, φωνῆς μὲν ἀκούων (?) πρόσωπον δὲ οὐκ ἔβλεπον, καὶ παράγοντος τοῦ Ἰησοῦ ἐφώνησα φωνῇ μεγάλῃ λέγων Ἐλέησόν με, υἱὲ Δαυίδ· καὶ ἐλεήσας με ἐπέθηκε τὰς χεῖρας αὐτοῦ ἐπὶ τοὺς ὀφθαλμούς μου καὶ εὐθέως ἀνέβλεψα. Ἄλλος κωφὸς εἶπε Ἐγὼ ἤμην μὴ λαλῶν καὶ ἥψατό μου τῆς γλώσσης καὶ παραχρῆμα λάθην. Ἕτερος εἶπεν Ἐγὼ κυρτὸς ἤμην καὶ λόγῳ ὤρθωσέ με.

VII. Γυνὴ δέ τις ἀπὸ μακρόθεν ἐβόησεν φωνῇ μεγάλῃ λέγουσα, Καὶ ὡς αἱμορροοῦσα ἤμην καὶ ἡψάμην τοῦ κρασπέδου τοῦ ἱματίου αὐτοῦ καὶ ἔστη ἡ ῥύσις τοῦ αἵματος ἡ δι᾽ ἐτῶν δώδεκα· λέγουσιν οἱ Ἰουδαῖοι Ἡμεῖς νόμον ἔχομεν μὴ ὑπάγειν γυναῖκα εἰς μαρτυρίαν.

VIII. Ἄλλοι δὲ πολλοὶ ἐκ τοῦ πλήθους τῶν Ἰουδαίων μετὰ δακρύων ἐβόων, Οὗτος ὁ ἄνθρωπος προφήτης ἐστὶν καὶ τὰ δαιμόνια αὐτῷ ὑποτάσσονται καὶ πᾶν πάθος· λέγει ὁ Πιλᾶτος πρὸς τοὺς Ἰουδαίους τοὺς εἰπόντας καὶ τὰ δαιμόνια αὐτῷ ὑποτάσσονται καὶ πᾶν πάθος,

Διατί καὶ οἱ διδάσκαλοι ὑμῶν οὐκ ὑπετάγησαν αὐτῷ; αὐτοὶ λέγουσιν Ἡμεῖς οἴδαμεν ὅτι καὶ τὸν Λάζαρον ἤγειρεν τετραήμερον ἐκ τοῦ μνημείου· ἔμφοβος δὲ γενόμενος ὁ Πιλᾶτος λέγει πρὸς τὸ πλῆθος τῶν Ἰουδαίων, Τί θέλετε ἐκχέαι αἷμα ἀθῷον ἀδικῶς;

IX. 1. Καὶ προσκαλεσάμενος κατ' ἰδίαν Νικόδημον καὶ τοὺς δώδεκα ἄνδρας τοὺς εἰπόντας μὴ γεγεννῆσθαι αὐτὸν ἐκ πορνείας φησί, Τί ποιήσω ὅτι μεγάλη διάστασις γίνεται ἐν τῷ λαῷ; οἱ δὲ λέγουσιν, Ἡμεῖς οὐκ οἴδαμεν, αὐτοὶ ὄψονται. Προσκαλεσάμενος πάλιν ὁ Πιλᾶτος ἅπαν τὸ πλῆθος τῶν Ἰουδαίων λέγει αὐτοῖς, Οἴδατε ὅτι ἡ συνήθεια ὑμῖν ἐστιν κατὰ ἑορτὴν τῶν ἀζύμων ἕνα ἀπολύεσθαι τῶν δεσμίων· ἔχω οὖν δέσμιον κατάδικον τὸν λεγόμενον Βαραββᾶν καὶ τοῦτον ἑστῶτα κατενώπιον ὑμῶν τὸν λεγόμενον Χριστόν, εἰς ὃν οὐδεμίαν αἰτίαν εὑρίσκω ἐν αὐτῷ, ποῖον οὖν θέλετε ἀπολύσω ὑμῖν; οἱ δὲ ᾐτήσαντο τὸν Βαραββᾶν τὸν δὲ Ἰησοῦν ἔλεγον Σταυρωθήτω· ἕτεροι τῶν Ἰουδαίων ἔλεγον Οὐκ εἶ φίλος τοῦ Καίσαρος ἐὰν τοῦτον οὐ σταυρώσῃς ὅτι εἶπεν ἑαυτὸν υἱὸν Θεοῦ καὶ βασιλέα· τάχα τοῦτον εἶναι θέλεις βασιλέα καὶ οὐ Καίσαρα.

2. Ὀργισθεὶς δὲ αὐτοῖς ὁ Πιλᾶτος λέγει πρὸς τοὺς Ἰουδαίους, Ἀεὶ τὸ ἔθνος ὑμῶν στασιασταί εἰσιν, καὶ τοῖς εὐεργέταις ὑμῶν ἀντιλέγετε· λέγουσιν οἱ Ἰουδαῖοι, Ποίοις εὐεργέταις; λέγει αὐτοῖς ὁ Πιλᾶτος, Ὁ Θεὸς ὑμῶν ἀπὸ δουλείας σκληρᾶς ἐρρύσατο ὑμᾶς ἐξαγαγὼν ἐκ τῆς Αἰγύπτου καὶ διὰ θαλάσσης ὡς διὰ ξηρᾶς διήγαγε, καὶ ἐν τῇ ἐρήμῳ διέθρεψεν ὑμᾶς, μαννᾶ καὶ ὀρτυγομήτραν ἔδωκεν ὑμῖν, καὶ ἐκ πέτρας ὕδωρ ἐπότισεν ὑμᾶς καὶ νόμον ἔδωκεν ὑμῖν· ὑμεῖς δὲ ἐστήσασθε μόσχον χωνευτὸν καὶ παρωξύνατε τὸν Θεὸν ὑμῶν καὶ ἐζήτησεν ἀπολέσαι ὑμᾶς, καὶ λιτανεύσας Μωυσῆς ὑπὲρ ὑμῶν εἰσηκούσθη καὶ οὐκέτι ἐθανατώθητε, καὶ νῦν ὑμεῖς καταγγέλετέ μου, ὅτι ἐγὼ μισῶ τὸν βασιλέα.

3. Πλησθεὶς οὖν ὀργῆς ὁ Πιλᾶτος ἀναστὰς ἀπὸ τοῦ βήματος αὐτοῦ ἐζήτησεν ἐξελθεῖν· λέγουσιν οἱ Ἰουδαῖοι, Ἡμεῖς βασιλέα οἴδαμεν τὸν Καίσαρα καὶ οὐ τὸν Ἰησοῦν, καὶ γὰρ οἱ μάγοι δῶρα προσήνεγκαν ἀπὸ ἀνατολῶν ὡς βασιλεῖ καὶ Ἡρώδης ἀκούσας παρὰ τῶν μάγων ὅτι βασιλεὺς ἐγεννήθη ἐζήτησεν αὐτὸν ἀποκτεῖναι. γνοὺς δὲ ὁ πατὴρ αὐτοῦ καὶ ἡ μήτηρ αὐτοῦ Μαρία λαβόντες αὐτὸν ἔφυγον εἰς Αἴγυπτον· καὶ ἀκούσας Ἡρώδης ἔπεμψε καὶ ἀνεῖλε τοὺς παῖδας τῶν Ἑβραίων τοὺς γεννηθέντας ἐν Βηθλεέμ.

4. Καὶ ταῦτα ἀκούσας ὁ ἡγεμὼν ἐφοβήθη σφόδρα καὶ κατεσείσθη τῇ χειρὶ τοὺς ὄχλους τῶν Ἰουδαίων ὅτι ἔκραζον, καὶ λέγει αὐτοῖς, Οὗτός ἐστιν ὃν ἐζήτει Ἡρώδης; λέγουσιν οἱ Ἰουδαῖοι, Οὗτός ἐστιν· ὁ οὖν Πιλᾶτος λαβὼν ὕδωρ ἀπενίψατο τὰς χεῖρας αὐτοῦ ἀπέναντι τοῦ ἡλίου λέγων, Ἀθῷός εἰμι ἀπὸ τοῦ αἵματος τοῦ δικαίου τούτου· ὑμεῖς ὄψεσθε· πάλιν λέγουσιν οἱ Ἰουδαῖοι, Τὸ αἷμα αὐτοῦ ἐφ' ἡμᾶς καὶ ἐπὶ τὰ τέκνα ἡμῶν.

5. Ἐκέλευσε δὲ ὁ Πιλᾶτος ἑλκυσθῆναι τὸν βηλὸν οὗ ἐκαθέζετο.

Ἀπόφασις κατὰ τοῦ Ἰησοῦ.

Τὸ ἔθνος τὸ σὸν κατέπληξέ σε ὡς βασιλέα· διὰ τοῦτο ἀπεφηνάμην κατὰ σοῦ πρῶτον φραγελλοῦσθαι διὰ τὸν θεσμὸν τῶν εὐσεβῶν βασιλέων, καὶ τότε ἀναρτᾶσθαι ἐπὶ τοῦ σταυροῦ ἐν τῷ κήπῳ. ὁμοίως δὲ καὶ τοὺς δύο κακούργους σὺν αὐτῷ Γέσταν καὶ Δυσμᾶν.

X. 1. Λαβόντες δὲ οἱ Ἰουδαῖοι τὸν Ἰησοῦν ἐξέβαλον αὐτὸν ἐκ τοῦ πραιτωρίου καὶ τοὺς κακούργους σὺν αὐτῷ, καὶ ὅτε ἀπῆλθον ἐπὶ τὸν τόπον ἐξέδυσαν αὐτὸν τὰ ἱμάτια αὐτοῦ καὶ περιέζωσαν αὐτὸν λέντιον καὶ στέφανον ἐξ ἀκανθῶν περιέθηκαν αὐτῷ ἐπὶ τὴν κεφαλὴν αὐτοῦ, ὁμοίως δὲ καὶ τοὺς δύο κακούργους ἐκρέμασαν Γέσταν ἐκ δεξιῶν καὶ Δυσμᾶν ἐξ εὐωνύμων, ὁ δὲ Ἰησοῦς ἔλεγε, Πάτερ ἄφες αὐτοῖς, οὐ γὰρ οἴδασι τί ποιοῦσιν· καὶ διεμερίσαντο τὰ ἱμάτια αὐτοῦ οἱ στρατιῶται, βάλλοντες κλήρους· εἱστήκει δὲ ὁ λαὸς θεωρῶν αὐτόν, καὶ ἐξεμυκτήριζον αὐτὸν οἱ ἀρχιερεῖς καὶ οἱ ἄρχοντες λέγοντες, Ἄλλους ἔσωσας, σεαυτὸν οὐ δύνασαι σῶσαι, εἰ υἱός ἐστιν τοῦ Θεοῦ οὗτος καταβάτω ἀπὸ τοῦ σταυροῦ. ἐνέπαιζον δὲ αὐτῷ οἱ στρατιῶται προσέφερον δὲ ὄξος λέγοντες, Εἰ σὺ εἶ ὁ βασιλεὺς τῶν Ἰουδαίων σῶσον σεαυτόν. Ἐκέλευσε δὲ ὁ Πιλᾶτος μετὰ τὴν ἀπόφασιν εἰς τίτλον ἐπιγραφῆναι τὴν αἰτίαν αὐτοῦ γράμμασι ῥωμαϊκοῖς ἑβραϊκοῖς καὶ ἑλληνικοῖς, καθὼς εἶπαν οἱ Ἰουδαῖοι ὅτι βασιλεύς ἐστι τῶν Ἰουδαίων.

2. Εἷς δὲ τῶν κρεμασθέντων κακούργων ὀνόματι Δυσμᾶν λέγει πρὸς τὸν Ἰησοῦν, Εἰ σὺ εἶ ὁ Χριστὸς σῶσον σεαυτὸν καὶ ἡμᾶς· ἀποκριθεὶς δὲ ὁ ἕτερος ᾧ ὄνομα Γέσταν ἐπετίμα αὐτῷ λέγων· Οὐδὲν φοβῇσαι τὸν Θεὸν ὅτι ἐν τῷ αὐτῷ κρίματι εἶ; καὶ ἡμεῖς μὲν ἄξια ὧν ἐπράξαμεν ἀπολαμβάνομεν, οὗτος δὲ οὐδὲν κακὸν

ἔπραξεν· καὶ ἔλεγε τῷ Ἰησοῦ, Μνήσθητί μου Κύριε ὅταν ἔλθῃς ἐν τῇ βασιλείᾳ σου· εἶπεν δὲ αὐτῷ ὁ Ἰησοῦς Ἀμήν, ἀμήν, λέγω σοι ὅτι σήμερον μετ' ἐμοῦ ἔσῃ ἐν τῷ παραδείσῳ.

XI. 1. Ἦν δὲ ὥρα ὡσεὶ ἕκτη καὶ σκότος ἐγένετο ἐφ' ὅλην τὴν γῆν ἕως ὥρας ἐνάτης, σκοτισθέντος δὲ τοῦ ἡλίου ἐσχίσθη τὸ καταπέτασμα τοῦ ναοῦ μέσον ἀπὸ ἄνωθεν ἕως κάτω· καὶ φωνήσας φωνῇ μεγάλῃ ὁ Ἰησοῦς εἶπε Βιαδὰ γεφί· κυθρωσί· ὃ ἑρμηνεύεται Εἰς χεῖρας σου παρατίθημι τὸ πνεῦμά μου· καὶ τοῦτο εἰπὼν ἐξέπνευσε. Ἰδὼν τοίνυν ὁ ἑκατόνταρχος τὸν σεισμὸν καὶ τὸ γενόμενον ἐδόξασε τὸν Θεὸν λέγων ὅτι Ὁ ἄνθρωπος οὗτος δίκαιος ἦν, καὶ πάντες οἱ θεωρήσαντες τὰ σημεῖα τύπτοντες ἑαυτῶν τὰ στήθη ὑπέστρεψον εἰς τὴν ἁγίαν πόλιν.

2. Ὁ δὲ ἑκατόνταρχος ἀνήγγειλε τῷ ἡγεμόνι πάντα τὰ γενόμενα· ἀκούσας δὲ ὁ Πιλᾶτος καὶ ἡ γυνὴ αὐτοῦ ἐλυπήθησαν ταῦτα σφόδρα καὶ οὐκ ἔφαγον οὐδὲ ἔπιον τὴν ἡμέραν ἐκείνην· μετακαλεσάμενος δὲ ὁ Πιλᾶτος τοὺς Ἰουδαίους εἶπεν αὐτοῖς Θεωρεῖτε τὰ γενόμενα; λέγουσιν αὐτῷ οἱ Ἰουδαῖοι, Ἔκλειψίς ἐστι τοῦ ἡλίου, κατὰ τὸ εἰωθός.

3. Εἱστήκεισαν δὲ οἱ γνωστοὶ αὐτοῦ ἀπὸ μακρόθεν, καὶ γυναῖκες αἱ συνακολουθήσασαι αὐτῷ ἀπὸ τῆς Γαλιλαίας θεωροῦσαι ταῦτα· καὶ ἰδοὺ ἀνήρ τις ὀνόματι Ἰωσὴφ βουλευτὴς ὑπάρχων ἀνὴρ δίκαιος καὶ ἀγαθὸς οὐκ ἦν συγκαταθέμενος τῇ βουλῇ αὐτῶν καὶ τῇ πράξει τῇ πονηρᾷ, ἀπὸ Ἀριμαθίας μιᾶς πόλεως τῆς Ἰουδαίας, ὃς προσεδέχετο καὶ αὐτὸς τὴν βασιλείαν τοῦ Θεοῦ, οὗτος προσελθὼν τῷ Πιλάτῳ ᾐτήσατο τὸ σῶμα τοῦ Ἰησοῦ καὶ καθελὼν αὐτὸ ἐνετύλιξεν ἐν σινδόνι καθαρᾷ καὶ ἔθηκεν αὐτὸ ἐν μνημείῳ λαξευτῷ, ἐν ᾧ οὐκ ἦν οὐδεὶς πώποτε τεθείς.

XII. 1. Ἀκούσαντες δὲ οἱ Ἰουδαῖοι ὅτι τὸ σῶμα τοῦ Ἰησοῦ ᾐτήσατο ὁ Ἰωσήφ, ἐζήτουν αὐτὸν καὶ τοὺς δώδεκα τοὺς εἰπόντας μὴ γεγεννῆσθαι ἐκ πορνείας καὶ τὸν Νικόδημον καὶ ἄλλους ἑτέρους πολλούς, οἵτινες ἔστησαν ἔμπροσθεν τοῦ Πιλάτου καὶ μετὰ δακρύων διηγήσαντο τὰ θαυμάσια αὐτοῦ, καὶ ἐβούλοντο ἀνελεῖν· πάντων δὲ ἀποκρυβέντων ὁ Νικόδημος ὤφθη αὐτοῖς μόνος, ὅτι οὗτος ὁ ἀνὴρ ἄρχων τῶν Ἰουδαίων ὑπῆρχε, καὶ λέγουσιν αὐτῷ Σὺ πῶς εἰσῆλθες εἰς τὴν συναγωγήν; ὅτι συνεστιάτωρ αὐτοῦ εἶ καὶ τὸ μέρος αὐτοῦ μετὰ σοῦ ἐν τῷ μέλλοντι αἰῶνι· λέγει αὐτοῖς ὁ

Νικόδημος, Ἀμὴν γένοιτό μοι καθὼς εἴπατε· ὁμοίως δὲ καὶ ὁ Ἰωσὴφ ἐμφανισθεὶς εἶπεν αὐτοῖς, Τί ὅτι ἐλυπήθητε κατ' ἐμοῦ ματαίως, ὅτι ᾐτησάμην τὸ σῶμα τοῦ Ἰησοῦ καὶ ἐνετύλιξα αὐτὸ σινδόνι καὶ τέθεικα αὐτὸ ἐν τῷ καινῷ μου μνημείῳ καὶ λίθον μέγαν προσκυλίσας τῇ θύρᾳ τοῦ σπηλαίου καὶ ἀπῆλθον; καὶ οὐ καλῶς ἐπράξατε κατὰ τοῦ δικαίου, ἀλλὰ καὶ λόγχῃ αὐτοῦ ὑπεβάλλετε μὴ μεταμεληθέντες. Κρατήσαντες δὲ οἱ Ἰουδαῖοι τὸν Ἰωσὴφ ἐκέλευσαν αὐτὸν ἀσφαλῶς τηρεῖσθαι, καὶ λέγουσιν πρὸς τὸν Ἰωσήφ, Γίνωσκε ὅτι ἡ ὥρα οὐκ ἀπαιτεῖ πρᾶξαί τι κατὰ σοῦ ὅτι σάββατον διαφαίνει, καὶ γίνωσκε ὅτι ταφῆς οὐ καταξιωθήσῃ, ἀλλ' ἔσονται αἱ σάρκες βρῶμα τοῖς πετεινοῖς τοῦ οὐρανοῦ καὶ τοῖς θηρίοις τῆς γῆς· ἀποκριθεὶς δὲ ὁ Ἰωσὴφ λέγει αὐτοῖς, Οὗτος ὁ λόγος τοῦ τυράννου ἐστὶ Γολιάθ, ὃς ὠνείδισεν τὸν Θεὸν ζῶντα καὶ τὸν ἅγιον Δαυίδ, εἶπεν γὰρ ὁ Θεὸς Ἐμοὶ ἐκδίκησις κἀγὼ ἀνταποδώσω, λέγει Κύριος, καὶ νῦν ὁ ἀκρόβυστος τῇ σαρκὶ καὶ περιτεμνόμενος τῇ καρδίᾳ λαβὼν ὕδωρ ἀπενίψατο τὰς χεῖρας αὐτοῦ ἀπέναντι τοῦ ἡλίου λέγων Ἀθῷός εἰμι ἐγὼ ἀπὸ τοῦ αἵματος τοῦ δικαίου τούτου· ὑμεῖς ὄψεσθε· καὶ ἀπεκρίθητε αὐτῷ λέγοντες Τὸ αἷμα αὐτοῦ ἐφ' ἡμᾶς καὶ ἐπὶ τὰ τέκνα ἡμῶν, καὶ νῦν φοβοῦμαι μήποτε φθάσει ἡ ὀργὴ Κυρίου ἐπὶ τὰ τέκνα ὑμῶν ὡς εἴπατε· ἀκούσαντες δὲ τοὺς λόγους τούτους ἐπικράνθησαν κατὰ τὸν Ἰωσὴφ σφόδρα τῇ ψυχῇ, καὶ ἐπιλαβόμενοι ἐνέκλεισαν εἰς οἶκον φυλακῆς καὶ ἐσφραγίσαντο τὴν θύραν τῷ δακτυλιδίῳ τοῦ Καιαφᾶ.

2. Τῷ δὲ ἐρχομένῳ σαββάτῳ ὥρισαν οἱ ἀρχιερεῖς τοῦ εὑρεθῆναι πάντας ἐν τῇ συναγωγῇ τῇ μιᾷ τοῦ σαββάτου, καὶ συναθροίσαντες οἱ Ἰουδαῖοι ἅπαν τὸ πλῆθος ἐν τῇ συναγωγῇ ἐβουλεύσαντο ποίῳ θανάτῳ ἀποκτείνωσιν τὸν Ἰωσήφ, καὶ ἐκέλευσαν μετὰ ἀτιμίας ἀχθῆναι αὐτόν· ἀνοίξαντες δὲ τὰς θύρας τῆς φυλακῆς οὐχ εὗρον αὐτόν, καὶ ἐξέστη πᾶς ὁ λαός, λέγοντες ὅτι Τὰς σφραγῖδας εὕρομεν σώας καὶ τὴν κλεῖδα ἔσχεν ὁ Καιαφᾶς· καὶ τοῦ λοιποῦ οὐκέτι ἐτόλμων ἐπιβαλεῖν τὰς χεῖρας.

VI. A FRAGMENT OF THE ACTA THOMAE.

IN his edition of the Acts of Thomas in *Acta Apostolorum Apocrypha* Tischendorf quotes the variants of five MSS. which he calls ABCDE, and to these M. Bonnet has added PQRS. The text which is now printed is that of another fragment, which I shall call T, found in cod. 476 in the library of Ivéron, a paper MS. of fourteenth century. The negatives of the photographs of T which I used will be found in the Bodleian Library under the Pressmark MS. Gr. th. f. 8, and are numbered 1–7.

Mr. Burkitt has pointed out to me that T belongs to the same family as B (Paris, Nat. Gr. 1468). It is impossible to say without collating B exactly how close the connexion may be, as Tischendorf does not quote B fully but only in select and important passages. But the following readings are sufficient to demonstrate the general connexion of B and T, and to help any one who may wish accurately to determine their relations I have followed the photographs exactly in matters of spelling and accentuation.

(a) 12. ἐὰν ἀπαλλαγῆτε τῆς ῥυπαρᾶς κοινωνίας ταύτης γίνεσθε ναοὶ ἅγιοι καθαροὶ ἀπαλλαγέντες πλήξεων καὶ ὀδυνῶν φανερῶν τε καὶ ἀφανῶν καὶ φροντίδας οὐ περιθήσεσθε βίου καὶ τέκνων, ὧν τὸ τέλος ἀπώλεια ὑπάρχει.—ACPQ with small variations.

ἐὰν τηρήσητε ἑαυτοὺς ἀμέμπτους τὸ λοιπὸν τοῦ βίου τούτου ἔσεσθε ἀεὶ [B ναοὶ] ἅγιοι ῥυσθέντες ἀπὸ πάσης φθορᾶς φανερᾶς τε καὶ ἐναποκρύφου καὶ φροντίδων ἀνωφελῶν καὶ ἐπιβλαβῶν.—BT, and the closeness of agreement is equally marked for several more lines.

(β) 16. καὶ ἀπελθόντες κατεμίγησαν αὐτῷ—ACEPQ.

καὶ ἀπελθόντες ἔλαβον παρ' αὐτοῦ τὸ λουτρὸν τῆς χάριτος ἐν ὀνόματι πατρός κ.τ.λ.—BT.

(γ) 24. Instead of the account which begins in codd. ACEPQ καὶ εὐθέως πέμψας and continues to the end of the story, covering four pages in M. Bonnet's edition, BT have καὶ πέμψας ἐξέβαλα τὸν Θωμᾶν κ.τ.λ. finishing the whole narrative in a few lines.

These examples might be added to at length, and prove a close relationship between B and T. In the absence of a complete collation of B it is impossible to say more definitely what the relationship is. The next scholar who deals with the text of the *Acta Thomae* will no doubt be able to throw light both on this point and on the relationship which the ordinary [1] texts and this text bear to the Syriac Acts.

TEXT.

11. . . . ἀγάγῃ. Καὶ εἶδεν ὅμοιον τοῦ Θωμᾶ ἑστῶτα καὶ ὁμιλοῦντα τὴν νύμφην. καὶ λέγει αὐτῷ, οὐχὶ πρῶτος πάντων ἐξῆλθες; πῶς οὖν εὑρέθεις ὧδε; καὶ ὁ Κύριος εἶπεν αὐτῷ, Οὐκ εἰμὶ ἐγὼ Θωμᾶς, ἀδελφὸς δὲ αὐτοῦ εἰμι, καὶ ἐκάθισεν ὁ Κύριος ἐπὶ τῆς κλίνης, καὶ ἤρξατο διδάσκειν αὐτοὺς καὶ λέγειν,

12. Μνημονεύσατε τέκνα μου ἅπερ ὁ ἀδελφός μου ἐλάλησεν μεθ' ὑμῶν καὶ τίνι ὑμᾶς παρέθετο, καὶ τοῦτο γνῶτε, ὅτι ἐὰν τηρήσειτε ἑαυτοὺς ἀμέμπτους τὸ λοιπὸν τοῦ βίου τούτου, ἔσεσθαι ἀεὶ ἅγιοι ῥυσθέντες ἀπὸ πάσης φθορᾶς, φανερᾶς τε καὶ ἐναποκρύφου, καὶ φροντίδων ἀνοφελῶν καὶ ἐπιβλαβῶν, ἐὰν γὰρ γένωνται ὑμῖν παιδία ἕνεκεν αὐτῶν μέλλεται τύπτειν τινὰς καὶ ἁρπάζειν ὀρφανοὺς καὶ καταπονεῖν χηρῶν καὶ ταῦτα ποιοῦντες ὑποβάλλετε αὐτοὺς εἰς τιμωρίας κακίστας· ἀλλὰ μείνατε ἁγιάσαντες αὐτοὺς ἀπὸ πάντων, προσδοκοῦντες ἀπολαβεῖν παρὰ τοῦ ἀληθινοῦ νυμφίου τοὺς στεφάνους τοὺς ἀφθάρτους. ταῦτα διδάξας αὐτοὺς ὁ Κύριος ἐξῆλθεν εἰπὼν αὐτοῖς, Ἡ χάρις τοῦ Κυρίου ἡμῶν ἔσται μεθ' ὑμῶν.

13. Οἱ δὲ νέοι ἀκούσαντες ἐπίσθησαν τοῦ Κυρίου ἡμῶν· ἔμειναν δι' ὅλης τῆς νυκτὸς μηδ' ὅλως ὑπνώσαντες. ὄρθρου δὲ γενομένου ὁ βασιλεὺς πληρώσας τράπεζαν εἰσήνεγκεν ἔμπροσθεν αὐτῶν καὶ εὗρεν αὐτοὺς καθημένους ἀντίκρυς ἀλλήλων τὴν δὲ ὄψιν τῆς νύμφης

---

[1] It is perhaps worth while to mention that we also photographed some pages of cod. Iver. 275, which contain part of the Acts of Thomas in the more ordinary form. It did not seem worth publishing, but the negatives of my photographs are to be found in the Bodleian under the Pressmark MS. Gr. th. f. 8, if any scholar wishes to go more closely into the question.

ἀσκέπατον οὖσαν. καὶ λέγει αὐτῇ, Διὰ τί οὕτως κάθῃ μόνη ἰδία καὶ οὐδὲ σκέπη, ἀλλ' ὡς ἤδη χρόνον ἱκανὸν συμβιώσασα τῷ ἀνδρί σου;

14. Ἡ δὲ ἀπεκρίθη λέγουσα Ἀληθῶς πάτερ ἐν πολλῇ ἀγάπῃ ὑπάρχωμεν, καὶ τῷ Κυρίῳ ἡμῶν εὐχώμεθα ὅτι τὸ σκέπασμα τῆς αἰσχύνης ἀπ' ἐμοῦ ἀφήρηται διότι ἑτέρῳ γάμῳ ἀληθινῷ συνεζεύχθημεν. καὶ ἐν ἡμέρᾳ χαρᾶς μου οὐκ ἐνεπαίχθην καὶ ἐν ἡμέρᾳ ταραχῆς οὐκ ἐταράχθην.

15. Ὁμοίως κἀκεῖνος ἤρξατο λέγειν, Εὐχαριστῶ σοι δέσποτα Ἰησοῦ Χριστέ, ὁ διὰ τοῦ ξένου δούλου σου ἐμφανίσας ἡμῖν, ὁ τῆς στώσεώς με λυτρωσάμενος, ὁ ἑαυτὸν καταγαγὼν ἕως ἐμοῦ τοῦ ταπεινοῦ· Ὅτι πρὸς καιρῶν με ἀπαλλάξας ὁ ἀπολλυμένῳ δοὺς χεῖρα βοηθείας. Κύριε Ἰησοῦ Χριστέ, ὁ τῶν ὅλων ἡμῶν δεσπότης καὶ βασιλεύς, ἅγιος καὶ ἀληθινός, εὐχαριστοῦμέν σοι περὶ πάντα.

16. Ταῦτα ἀκούσας ὁ βασιλεὺς διέρρηξεν τὴν αἰσθῆτα αὐτοῦ κράζων, Ἐξελθόντες ταχέως φέρετέ μοι τὸν πλάνον ἐκεῖνον, ἐγὼ γὰρ ἰδίαις μου χερσὶν αὐτὸν εἰσήγαγον, ὃς δὲ εὑρὼν αὐτὸν ἀγάγει μοι σώζει μου τὴν θυγατέρα, καὶ ἢ τι ἂν αἰτήσει δώσω αὐτῷ.

Ἀπελθόντες οὖν περιῆλθον πᾶσαν τὴν περίχωρον καὶ μὴ εὑρῶντες ἦλθον ἐν τῷ ξενοδοχείῳ καὶ εὗρον ἐκεῖ τὴν αὐλητρίαν μόνην κλαίουσαν περὶ αὐτοῦ. καὶ ἀναστᾶσα ἦλθεν πρὸς τοὺς νέους καὶ ἦν σὺν αὐτοῖς ἐξυπηρετοῦσα αὐτοῖς. οἱ δὲ νέοι κατήχησαν καὶ τὸν βασιλέα. μετὰ δὲ χρόνον ἤκουσαν περὶ τοῦ ἀποστόλου, ὅτι ἐν τῇ Ἰνδίᾳ διδάσκει, καὶ ἀπελθόντες ἔλαβον παρ' αὐτοῦ τὸ λουτρὸν τῆς χάριτος, φωτισθέντες ἐν ὀνόματι πατρὸς καὶ υἱοῦ καὶ ἁγίου πνεύματος, ᾧ πρέπει πᾶσα δόξα τιμὴ κράτος μεγαλωσύνη προσκύνησις καὶ βασιλεία ἀτελεύτητος εἰς τοὺς αἰῶνας.

17. Ὅτε δὲ ἦλθεν ὁ ἀπόστολος ἐν τῇ Ἰνδίᾳ μετὰ Ἀββάνη τοῦ ἐμπόρου εὐθέως ἀνήγαγεν τῷ βασιλεῖ περὶ τοῦ οἰκοδόμου, καὶ χαρᾶς πλησθεὶς ἐκέλευσε εἰσελθεῖν τὸν Θωμᾶν καὶ λέγει αὐτῷ, Ποίαν ἐργασίαν οἶδας ἐν ξύλοις, καὶ ποίαν ἐν λίθοις; ὁ δὲ ἀπόστολος λέγει, Ἐν μὲν ξύλοις ἄροτρα, καὶ ζυγοὺς, καὶ πλοῖα, τραχιλέας, καὶ κώπας· ἐν δὲ λίθοις, στήλας, καὶ ναοὺς, καὶ πραιτώρια βασιλικά· ὁ δὲ βασιλεὺς χαρᾶς πλησθεὶς εἶπεν; Κἀγὼ τοιούτου χρείαν εἶχον, ἀλλὰ κτίσον μοι παλάτιον.

18. Καὶ λαβὼν αὐτὸν διελέγετο αὐτῷ περὶ τῆς οἰκοδομῆς τοῦ παλατίου τὸ πῶς τεθῶσιν οἱ λίθοι, καὶ ὅτε ἦλθεν πλησίον τοῦ τόπου ἔνθα ἐβούλετο τὴν οἰκοδομὴν ποιῆσαι λέγει αὐτῷ, Ὅδε βούλομαι, καὶ ὁ ἀπόστολος λέγει, καὶ γὰρ καὶ ὁ τόπος ἐπιτήδιός ἐστιν πρὸς οἰκοδομήν, ἢν δὲ ἀλσώδης ὕδατα πολλὰ ἔχων, καὶ λέγει αὐτῷ Ἄπαρξαι τοῦ κτίζειν, καὶ ὁ ἀπόστολος λέγει Ἐν τῷ καιρῷ τούτου οὐ δύναμαι κτίσαι, καὶ ὁ βασιλεὺς εἶπεν, Πότε δὲ, καὶ ὁ ἀπόστολος λέγει, Ὑπερβορετίου, καὶ τελειῶ θ ξανθικῷ, ὁ δὲ βασιλεὺς λέγει Πᾶσα οἰκοδομὴ θέρους οἰκοδομεῖται, σὺ δὲ χειμῶνος κτίζεις, καὶ ὁ ἀπόστολος λέγει, Οὕτως ὀφείλη γενέσθαι, καὶ ὁ βασιλεὺς εἶπεν Εἰς τοῦτό σοι δοκεῖ, κἂν διαχάραξόν μοι αὐτῷ ἵνα ἴδω, ἐπειδὴ διὰ χρόνου ἐρχομένου ἐνταῦθα. ὁ δὲ ἀπόστολος λαβὼν κάλαμον ἐχάρασσεν μέτρῳν. Καὶ τὰς μὲν θυρίδας πρὸς ἀνατολὴν ἤνοιξεν πρὸς τὸ φῶς, τὰς δὲ θύρας πρὸς δύσιν, τὸ δὲ ἀρτοποιεῖον πρὸς λίβα, τὸ δὲ ἀγωγὸν τοῦ ὕδατος εἰς ἄρκτον. Ἰδὼν δὲ ὁ βασιλεὺς τὸν τόπον λέγει, Ἀληθῶς ἄνθρωπε τεχνίτης εἶ, καὶ πρέπει σοι βασιλεῖ ἐξυπηρετεῖσθαι, καὶ καταλείψας αὐτῷ χρυσίον ἱκανὸν ἀπεδήμησεν.

19. Καὶ κατὰ καιρὸν ἀπέστελλεν αὐτῷ δαπάνας καὶ ἄλλα ἐπιτήδια, ὁ δὲ ἀπόστολος περιήρχετο τὰς πόλεις καὶ τὰς κώμας οἰκονομῶν τοὺς δεομένους. ἔλεγεν γὰρ Τὰ τοῦ βασιλέως τῷ βασιλεῖ δοθήσεται, καὶ ἄνεσις ἔσται τοῖς πολλοῖς. μετὰ δὲ χρόνον ἀπέστειλεν πρὸς αὐτὸν ὁ βασιλεὺς μαθεῖν εἰ ἔκτισται τὸ παλάτιον· καὶ δηλοῖ αὐτῷ ὁ ἀπόστολος Τὸ μὲν παλάτιον ἔκτισται τὸ δὲ στέγος περιλείπεται. Καὶ ἀνατείνας τὸ ὄμμα πρὸς τὸν Κύριον εἶπεν, Εὐχαριστῶ σοι δέσποτα Ἰησοῦ Χριστὲ ἀπέθανον γὰρ ἵνα ζωοποιήσῃς με, καὶ πέπρακάς με ἵνα πολλοὺς ἐλευθερώσω, οὐκ ἐπαύσατο δὲ ἀναψύχων τοὺς δεομένους καὶ τοὺς ἐν θλίψει ὄντας καὶ ἔλεγεν, Ὁ Κύριος ἡμῶν οἰκονόμησε ταῦτα, ὅτι αὐτός ἐστιν τροφεὺς τῶν ὀρφανῶν, καὶ τῶν χηρῶν προστάτης καὶ τοῖς θλιβομένοις γίνεται ἀνάψυξις.

20. Μετὰ δὲ χρόνον ἦλθεν ὁ βασιλεὺς ἐν τῇ πόλει ἐρωτῶν τοὺς φίλους αὐτοῦ περὶ τοῦ παλατίου, καὶ λέγουσιν αὐτῷ Οὐδὲν ἔκτισται, οὐδὲ ἕτερόν τι ἐποίησεν ἀλλὰ περιέρχεται τὰς πόλεις καὶ τὰς κώμας ποιῶν εὐσεβείας καὶ χωριγῶν τοῖς πένησιν, καὶ διδάσκει ἕνα Θεὸν εἶναι τὸν Χριστὸν, καὶ πολλὰ ἐστιν ἅπερ

ποιεῖ· νεκροὺς γὰρ ἐγείρῃ, καὶ κυλλοὺς θεραπεύει, καὶ δαίμονας ἀπελαύνει, καὶ φορεῖ ἓν ἱμάτιον, τὸ δὲ βρῶμα αὐτοῦ ἐστὶν ἄρτος καὶ ὕδωρ. εἰ ὅτι μάγος ἐστὶν οὐκ οἴδαμεν, ἀλλὰ αἱ ἰάσεις αὐτοῦ ἃς ποιεῖ, καὶ τὸ ἁπλοῦν αὐτοῦ καὶ ἐπιεικὲς τοῦτο σημαίνει, ἢ ὅτι δίκαιος ἐστὶν ἢ ἀπόστολος Θεοῦ, πικνοτέρως γὰρ νηστεύει. ταῦτα ἀκούων ὁ βασιλεὺς ταῖς χερσὶν αὐτοῦ τὴν ὄψιν προσέτρεψεν.

21. Καὶ θυμοῦ πλησθεὶς ἤνεγκεν τὸν Θωμᾶν καὶ λέγει αὐτῷ Ἔκτισάς μοι τὸ παλάτιον; καὶ ὁ ἀπόστολος λέγει Ἔκτισται, καὶ ὁ βασιλεὺς εἶπεν Πότε οὖν βλέπομεν αὐτῷ; καὶ ὁ ἀπόστολος λέγει Ἄρτι ἰδεῖν οὐ δύνασαι, ἀλλ' ὅτε ἐξέλθῃς τοῦ βίου τοῦ προσκέρου τούτου. ὁ δὲ βασιλεὺς ὀργισθεὶς ἐκέλευσεν αὐτὸν βληθῆναι εἰς τὸ δεσμωτήριον ἅμα τῷ ἐμπόρῳ Ἀββάνῃ ἕως ἀνακρίνηται περὶ αὐτῶν καὶ οὕτως ἀπολέσει αὐτούς· ὁ δὲ ἀπόστολος ἀπεῖν λέγων τῷ ἐμπόρῳ Μὴ λυποῦ, ἀλλὰ μόνον πίστευσον. καὶ ἀπὸ μὲν τοῦ κόσμου τούτου ἐλευθερωθείσῃ, εἰς δὲ τὸν μέλλοντα αἰῶνα ζωὴν αἰώνιον κληρονομήσεις τῇ δὲ νυκτὶ ἐκείνῃ ὁ τοῦ βασιλέως ἀδελφὸς ἀθυμίᾳ ληφθεὶς περὶ τοῦ συμβάντος τῷ ἀδελφῷ αὐτοῦ πέμψας λέγει αὐτῷ, Ἰδοὺ ἀδελφὲ πάντα σοι παρατίθημι, τήν τε οἰκίαν καὶ τὰ πράγματά μου, ἐγὼ γὰρ διὰ τὴν συμβᾶσάν σοι λύπην ἀθυμίᾳ ληφθεὶς ἀποθνήσκω, ἀλλὰ ἀνάπαυσόν μου τὴν ψυχὴν ὑπεξερχόμενος δεινῇ τιμωρίᾳ τῷ μάγῳ ἐκείνῳ. ὁ δὲ εἶπεν Ἐνεθυμήθην περὶ αὐτοὺς κατακαῦσαι ἐκδάρτους.

22. Ὁ δὲ πάραυτα ἀπέδωκεν τὴν ψυχὴν αὐτοῦ, ὁ δὲ βασιλεὺς ἐπένθει τὸν ἴδιον ἀδελφὸν, καὶ ἐβούλετο εἰς πολύτιμον κενουργίαν πορφύραν αὐτὸν καταφθῆναι. οἱ δὲ ἄγγελοι λαβόντες τὴν ψυχὴν αὐτοῦ ἀπήγαγον ἐν τῷ παραδείσῳ δεικνύοντες αὐτῇ τοὺς ἐκεῖ τόπους καὶ οἰκήσεις καὶ ὅσα ὁ Θεὸς ἀγαθὰ ἡτοίμασεν τοῖς ἀγαπῶσιν αὐτόν, καὶ ὅτε ἦλθεν εἰς τὴν οἰκοδομὴν τοῦ Θωμᾶ ἐπηρώτησαν αὐτὴν οἱ ἄγγελοι ποῦ βούλεται τὴν οἴκησιν ποιῆσαι, καὶ ἀποκριθεῖσα εἶπεν, Δέομαι ὑμῶν κύριοί μου εἰς ἓν τῶν κατωγέων τούτων ἐάσατέ με μεῖναι, καὶ εἶπον αὐτῇ ἐκεῖνοι, Οὐ δύνῃ, ἐπειδὴ τοῦ ἀδελφοῦ σου ἐστίν, ὃ οἰκοδόμησεν ὁ χριστιανὸς ἐκεῖνος, καὶ ἀπεκρίθη λέγουσα Δέομαι ὑμῶν, κύριοί μου, συγχωρήσατέ μοι ἀπελθεῖν ἵνα ἀγοράσω αὐτὸ παρ' αὐτοῦ, οὐ γὰρ οἶδεν αὐτῷ ὁ ἀδελφός μου.

23. Καὶ εὐθέως ἀφῆκαν αὐτὴν οἱ ἄγγελοι, καὶ ἐλθοῦσα εἰς τὸ

σῶμα αὐτοῦ ἀναστὰς λέγει τοῖς περὶ αὐτόν, Ἀπελθόντες ταχέως φέρετέ μοι τὸν ἀδελφόν μου, ἵνα αἰτήσομαι παρ' αὐτοῦ αἴτημα, καὶ ἀπελθόντες εὐηγγελίσαντο αὐτῷ περὶ τοῦ ἰδίου ἀδελφοῦ. ὁ δὲ ἀκοῦσας χαρᾶς ληφθεὶς ἦλθεν καὶ κατεφίλη αὐτόν. ὁ δὲ λέγει αὐτῷ, Αἴτησιν τινὰ ἔχω πρὸς σὲ καὶ μή μου παρακούσης, ὁ δὲ βασιλεὺς λέγει αὐτῷ, Ἀδελφέ μου ἐὰν ἔστιν ἕως τῆς κεφαλῆς μου, οὐ μή σε παρέλθω· τότε λέγει αὐτῷ, Ἀδελφὲ, τὸ παλάτιον ὃ ἔχεις ἐν τοῖς οὐρανοῖς πόλησόν μοι αὐτῷ ὅπερ σὺ οὐκ οἶδας. ὁ δὲ εἶπεν, Καὶ ἐμοὶ παλάτιον ἐν οὐρανοῖς ποῦ ὑπάρχει; καὶ εἶπεν, Ὅπερ ᾠκοδόμησέν σοι ὁ χριστιανὸς ἐκεῖνος.

24. Καὶ εἶπεν αὐτῷ, Ἀδελφὲ, ἐκείνῳ πωλῆσαί σοι οὐ δύναμαι ἀόρατον γάρ ἐστιν, ἀλλ' εὔχομαι κἀγὼ ἐπιτυχεῖν αὐτό. ἔχομεν δὲ τὸν οἰκοδόμον καὶ κτίζει σοι. καὶ πέμψας ἐξέβαλεν τὸν Θωμᾶν, καὶ λέγει αὐτῷ Συγχώρησον ἡμῶν ᾗτι ἐπλημμελήσαμεν εἰς σε ἀγνωοῦντες, καὶ ποίησον ἡμᾶς κοινωνοὺς γενέσθαι ἐκείνου οὗ κηρύσσεις.

25. Ὁ δὲ ἀπόστολος λέγει Κἀγὼ ὑμῖν συγχαίρω κοινωνοὺς γενέσθαι αὐτοῦ τῆς βασιλείας. καὶ λαβὼν ἐφώτισεν αὐτοὺς δόσας αὐτοῖς τὸ λουτρὸν τῆς χάριτος ἐν ὀνόματι τοῦ πατρὸς, καὶ τοῦ υἱοῦ, καὶ τοῦ ἁγίου πνεύματος. καὶ ἀναβάντων αὐτῶν ἐκ τοῦ ὕδατος ἐφάνη αὐτοῖς ὁ σωτὴρ ὡς τὸν ἀπόστολον θαυμάσαι· καὶ φῶς μέγα ἔλαμψεν. καὶ στηρίξας αὐτοὺς ἐν τῇ πίστει ἐξῆλθεν πορευθεὶς τὴν ὁδὸν αὐτοῦ ἐν Κυρίῳ, ᾧ πρέπει πᾶσα δόξα καὶ βασιλεία ἡ ἀτελεύτητος εἰς τοὺς αἰῶνας τῶν αἰώνων, ἀμήν.

VII. A CATALOGUE AND DESCRIPTION OF THE BIBLICAL MSS. WHICH WE EXAMINED.

The following catalogue contains a short description of all the MSS. which we saw on the mountain. In the case of most of the libraries it only supplements the catalogue of Prof. Lambros, but in the case of the Laura there is not at present any published catalogue, and Mr. Wathen therefore specially devoted himself to the task of producing a list of the vellum MSS. of the Gospels in that library. So far therefore as the Laura is concerned, the catalogue is chiefly his work, but we usually consulted together as to the date of the MSS., and often consulted Father Chrysostom. It will be seen that most of the MSS. have numbers in bold type attached to them. These refer to Dr. Gregory's *Text-Kritik*, and Dr. Gregory has been so kind as to go through my notes, and add to each new MS. the number which he proposes to assign to it in his next edition.

CATALOGUE.

VATOPEDI.

N.B.—The catalogue now in use at this library is quite different from the one in Paris which Dr. Gregory used for his Prolegomena to Tischendorf.

1. Vatop. 5 (xiv). A beautifully illuminated copy of the works of Athanasius. A partially obliterated note at the beginning— βιβλίον βασιλικὸν τοῦ (? τὸν) καλ Γωαν ... ὀνομασθέντος διὰ τοῦ θείου καὶ ἀγγελικοῦ σχήματος Ἰωασάφ. I doubt greatly whether we read this note correctly.

2. Vatop. 7 (xii), the works of Athanasius.

3. Vatop. 27 (Acts **1523**) (xi) ff. 185 (19 × 14) vell. Acts (from xv. 20) Heb. Cath. Paul. (*om.* Eph.) στιχ. subs. ὑποθ. lect. syn. men. (imperfect). Text ordinary. *om.* Acts xv. 34.

4. Vatop. 58 (Evan. **1434**) (xii) vell. Evv. κεφ. (Mc. Jo. only) lect. (imperfect). A later (xiii–xiv) hand added the *pericope adulterae* at the end of Luke, but it is also found in the usual place. Text ordinary.

5. Vatop. 101 (Evan. **1435**) (xi) vell. Evv. κεφ. subs. pict. vers. στιχ. ($\overline{\beta\chi}$, $\overline{α\chi}$, $\overline{\beta\omega}$, $\overline{\beta\tau}$) στασ. *Pericope adulterae* obelized. Text ordinary.

6. Vatop. 106 (Evan. **1436**) (xiii) ff. 212 (21·8 × 15·4) vell. col. 1. Evv. κεφ. τιτ. στιχ. (Lc. only $\overline{\beta\omega}$) subs. (Lc. only) syn. men. (Sept. Oct. missing). The quaternion containing ff. 112–119 has been supplied by a later (xv) hand. Several marginal notes correcting faults in the text, some by the first hand, others by a contemporary scribe, e.g. Mc. ii. 24 *om.* ἐν τ. σάββ. *ins.* m. s. in mg. Mc. v. 15 *om.* καθήμενον *ins.* m. s. in mg. Mc. xv. 28 *om. vers. ins.* m. s. in mg. Lc. ii. 20 *om.* καὶ αἰνοῦντες *ins.* m. s. in mg. Lc. ii. 31 *om.* ὃ ἡτοίμ . . . λαῶν *ins.* m. p. in mg. Lc. vii. 20 *om. vers. ins.* m. s. in mg. Lc. x. 27 *om.* ἐξ ὅλης τῆς . . . ἰσχ. σου *ins.* m. s. in mg.

7. Vatop. 218 (Acts **1524**) (xiii) ff. 418 vell. Written by two contemporary hands. Paul. Heb. Jac. 1. 2. Pet. Jude. Imperfect syn. at beginning. Text ordinary.

8. Vatop. 221 (Evan. **1437**) (xi–xii) vell. Lc. only with a commentary which describes St. Luke as μαθητὴς Πέτρου, κεφ. τιτ. Text ordinary. A photograph of this MS. is contained in Bodl. MS. Gr. th. f. 8.

9. Vatop. 758 (Evan. **1438**) (xi–xiii) ff. 340 (15·5 × 12 2) vell col. 1. Evv. κεφ. τιτ. amm. eus. tab. στιχ. (— $\overline{\beta\chi}$ $\overline{\beta\omega}$ $\overline{\beta\tau}$) subs. prol. (Mt. ἑρμ. ὑπὸ Ἰω. Lc. μαθ. Πέτρου) pict. lect. syn. Ep. ad Carp. Text ordinary. *adult.* obelized.

PANTOCRATOR.

10. Pant. 24 (x). Octateuch with Hexaplaric notes. I was inclined to think that this MS. may have come from S. Italy or Sicily, as the colouring reminded me of the MSS. of the Ferrar group, but I do not feel certain. We photographed it throughout for the Cambridge Septuagint, and were greatly assisted in doing

this by the very kind way in which the ἐπίτροποι of the monastery gave us facilities and help.

11. Pant. 28 (Acts **509**) (ix–x). A *catena* on the Pauline and Catholic Epistles. It appears to contain a considerable amount of quotation from Theodore of Mopsuestia. Several photographs of it are to be found in Bodl. MS. Gr. th. f. 8. The text itself seems ordinary.

12. Pant. 36 (Evl. **1058**) (xiii) ff. 242 col. 2 vell. Text ordinary.

13. Pant. 39 (Evan. **1392**) (x–xi) (26·6 × 22·5) ff. unnumbered. col. 1 vell. Evv. κεφ. τιτ. amm. eus. tab.-κεφ. στιχ. ($\overline{\beta\chi}$,$\overline{\alpha\kappa}$ $\overline{\beta\omega}$ $\overline{\beta\tau}$) subs. lect. syn. men. A full commentary in the margin. (Mc. Vict. Ant.) Photographs in Bodl. MS. Gr. th. f. 8.

14. Pant. 44 (Apoc. **1526**) (ix–x) vell. A fragment of the Apocalypse written in half-uncial with the commentary of Andreas in minuscule. Probably the earliest MS. extant of this commentary. Photographs of two pages in Bodl. MS. Gr. th. f. 8.

15. Pant. 52 (Evan. **1399** ?) (xi) vell. Evv. κεφ. τιτ. amm. eus. tab.-(κεφ.-can.) pict. lect. vers. Ep. ad Carp. syn. Text ordinary. Mt. viii. 13 *add.* καὶ ὑποστρέψας κ.τ.λ. This MS. was not numbered, and we were not sure whether it really was Pant. 52. That number is now attached to it.

Ivéron.

16. Iver. 2 (Evan. **989**) vell. The account in the Prolegomena to Tischendorf is accurate. The commentary in St. Mark is that of Victor of Antioch.

17. Iver. 5 (Evan. **990**) vell. Text ordinary.

18. Iver. 19 (Evan. **994**) (ix–x) vell. A text and catena written continuously and arranged in great confusion, containing apparently only Matt. and John. The commentary is chiefly anonymous, but there are a few extracts from Origen, Irenaeus, Theodore Mops., Severianus, Apollinarius, Gregory Thaum., and Cyril Alex.

19. Iver. 21 (Evan. **995**). Text ordinary.

20. Iver. 30 (Evan. ? **999**) (xiii) ff. 260 (23·2 × 17) col. 1 vell. Evv. act. cath. paul. hebr. κεφ. τιτ. amm. tab.-κεφ. στιχ. Mc. only $\overline{\alpha\chi}$ subs. prol. lect. Text ordinary. In the Prolegomena Dr. Gregory gives 998 to Iver. 30. But the numbers appear to have been altered, for Iver. 30 does not correspond to his description of Evan. 998, and seems to be Evan. 999.

21. Iver. 52 (Evan. **1003**) (xii–xiii) (22·2 × 14·6) vell. Evv. and

in a later hand (? xv), act. cath. κεφ. τιτ. tab.-κεφ. στιχ. lect. syn. men. *adult.* obelized. Text ordinary.

22. Iver. 56 (Evan. **1006**) (xi) ff. 221 col. 1. Evv. apoc. κεφ. τιτ. amm. eus. tab.-κεφ. στιχ. ($\overline{\beta\chi}$ $\overline{\alpha\kappa}$ $\overline{\beta\omega}$ $\overline{\beta\tau}$) subs. intro. lect. syn. (imperfect) Ep. ad Carp. Text ordinary, but in Mt. viii. 13 *add.* καὶ ὑποστρέψας κ.τ.λ., and in the *pericope adulterae* there are two notes: (1) τὸ κεφάλαιον τοῦτο τοῦ κατὰ Θωμᾶν εὐαγγελίου ἐστίν, (2) ἔγραφεν ἑκάστου αὐτῶν ἁμαρτίας. At the end there are many extracts from Patristic writers. We noted the following:— Titus of Bostra, Kosmas, Eusebius, Dionysius the Areopagite, Hesychius, Chrysostom, Theodore of Mopsuestia, Ammonius, Origen.

23. Iver. 68 (Evan. **1012**) (xi) ff. 260 (23·2 × 17) col. 1 vell. Evv. κεφ. τιτ. amm. eus. lect. Ep. ad Carp. Text ordinary.

24. Iver. 72 (Evan. **1014**) (xi–xii) (16·5 × 11·6) vell. Evv. κεφ. τιτ. amm. eus. tab.-κεφ. prol. Text ordinary.

25. Iver. 275 (xii) vell. A full account of its content is given by Lambros in the Cambridge catalogue. It seemed to me to be possibly a S. Italian MS. Some photographs are to be found in Bodl. MS. Gr. th. f. 8.

26. Iver. 476 (xiv) paper, various acts and martyrdoms, fully described by Lambros. Photographs of a fragment of the Acts of Thomas are to be found in Bodl. MS. Gr. th. f. 8, and are edited above, pp. 164–9.

27. Iver. 665 (Evan. **1028**) (x–xi) (25 × 17) col. 1. vell. Matt. κεφ. τιτ. amm. eus. tab.-κεφ. lect. In bad condition. Text ordinary.

St. Andrew's.

28. Andr. 1 (ix) uncial. (Evan. ב) there is nothing to add to Dr. Gregory's description except that Mc. xv. 28 is omitted. Photographs in Bodl. MS. Gr. th. f. 8.

29. Andr. 3 (Evan. **905**) (xii) vell. Text ordinary.

30. Andr. 4 (Evan. **908**) (xiii) vell. Text ordinary.

31. Andr. 5 (Evan. **906**) vell. Text ordinary.

32. Andr. 6 (Evan. **1432**) (xii) ff. 226 (14·6 × 11·3) col. 1 vell. Evv. κεφ. τιτ. tab.-can. amm. subs. lect. syn. Ep. ad Carp.

33. Andr. 8 (? Evl. **579**). A lectionary (xiii) not Evan. 907. The numbers at this library have obviously been much altered since Dr. Gregory's visit.

34. Andr. 9 (Evan. **1433**) (xi–xii) ff. 267 (21·7 × 15·6) vell. Paul. cath. evv. κεφ. τιτ. amm. eus. prol. lect. syn. men. tab.-(κεφ.-can.) vers. Text ordinary.

St. Gregory's.

35. Greg. 3 (Evan. **922**). Description in the Prolegomena to Tischendorf is accurate, but it should be added that the στίχοι are $\overline{\beta\phi\iota\varsigma}$, ͵αφσι, $\overline{\beta\chi o}$, ͵βσι. The subscription to Mt. is ἐγράφη καὶ ἀντεβλήθη ἐν στίχοις $\overline{\beta\phi\iota\varsigma}$ κεφαλαίοις τνη, ἐξεδόθη δὲ κ.τ.λ. and to Mc. ἐγράφη καὶ ἀντεβλήθη ὁμοίως ἐν στίχοις ͵αφσι κ.τ.λ. This is a corrupted form of the subscription found in Λ &c. The text seemed ordinary, except that Mc. xv. 28 is omitted, but it should be examined again; we were only three hours in the monastery, and neither of us was well.

36. Greg. 156 (Evan. **923**). The description in the Prolegomena is accurate, but add—pict. subs. men. syn. The MS. seemed to us to belong to the thirteenth rather than the twelfth century.

St. Dionysius.

37. Dion. 4 (Evan. **924**) (xii) vell. Evv. κεφ. τιτ. tab.-(κεφ.-can.) amm. subs. Ep. ad Carp. prol. pict.

38. Dion. 8 (Evan. **927**) (written by Theoktistos in 1133) ff. 280 (22·2 × 17·4) col. 1 vell. Evv. act. cath. paul. κεφ. τιτ. tab.- (κεφ.-can.) eus. amm. subs. euthal. hypoth. pict. men. syn. Ep. ad Carp. An extract from the Apostolic Constitutions at the beginning. Text ordinary. Photograph in Bodl. MS. Gr. th. f. 8.

39. Dion. 10 (Evan. Ω). The description in the Prolegomena is quite accurate. The text is ordinary. We noted the following readings:—Mt. xvi. 19 καὶ ὃ ἐὰν λύσ. . . . end of verse is omitted, but added by the first hand in the margin. Mt. xxvi. 71 mg. ἐν ἄλλῳ· καὶ λέγει αὐτοῖς ἐκεῖ καὶ οὗτος ἦν. Mt. xxvii. 9 οὔτ' ἐξ Ἱερεμ. ἀλλὰ Ζαχαρίου. Mc. vi. 20 πολλὰ ἃ ἐποίει, but the ἃ although certainly by the first hand seemed to have added at the end of the line. Lc. xxii. 43–4 asterisked, but probably only for liturgical reasons, as a note is added ὑποστρέφετε εἰς Ματθ. A + is added at the beginning of each line of the *pericope adulterae*.

40. Dion. 22 (Evan. **930**) (xi–xii) ff. 227 (19·4 × 15·4) col. 1 vell. Evv. (1 f. missing at the end of Jo.) κεφ. τιτ. tab.-κεφ. (missing for Mt.) pict. Text ordinary.

41. Dion. 25 (Evan. **933**) (xii) ff. 293 (19 × 14·6) col. 1 vell. Evv. κεφ. τιτ. tab.-κεφ. amm. eus. subs. lect. syn. men. Text ordinary.

42. Dion. 26 (Evan. 934) (xii) ff. 260 (18·4 × 12·7) col. 1 vell. Evv. κεφ. τιτ. tab.-κεφ. (missing for Mt.) amm. subs. prol. στιχ. (βχ ̦αχ — —). The subscription to Mark is ἰστέον ὅτι τὸ κατὰ Μάρκον ἅγ. εὐαγγ. ἑβραΐδι διαλέκτῳ γραφὲν ὑπ' αὐτοῦ εἰς ἰλημ ἐξεδόθη μετὰ χρόνους δέκα τ. χ. ἀ. Text ordinary. *om.* Mc. xv. 28.

43. Dion. 28 (Evan. 936) (xii) ff. 69 (16·9 × 11) col. 1 vell. Fragments of Mt. and Mc. κεφ. ? amm. lect. Text ordinary.

44. Dion. 29 (Evan. 937) (xi) vell. Evv. τιτ. tab.-(κεφ.-can.) amm. subs. prol.-Ep. ad Carp. A Latin scribe (? xv) has written an interlinear translation of a few words. Text ordinary.

45. Dion. 30 (Evan. 938) (written by Χαρίτων in 1319) (16·4 × 11·4) vell. Evv. κεφ. τιτ. tab.-(κεφ.-can.) ἀναγν. prol. subs. syn. men. στιχ. (Mt. only). Text ordinary. *adult.* obelized.

46. Dion. 40 (Evan. 848) (x) ff. 297 (14·6 × 11·5) col. 1 vell. Evv. κεφ. τιτ. amm. pict. lect. Text ordinary.

47. Dion. 67 (Evan. 950) (xii) ff. 39 (20·8 × 13·4) vell. Fragments of Lc. and Mc. in considerable confusion. Text ordinary.

PROTATI.

[This is the library of the church of the κοινότης or parliament of the monks at Karyes.]

48. Prot. 41 (Evan. 1087) (x–xii) (18 × 15). A copy of the Gospels made up from MSS. of different dates, at least one of which seemed to me to be S. Italian. κεφ. τιτ. amm. tab.-κεφ. lect. pict. A few exegetical notes in the margin. Text ordinary.

THE LAURA.

49. Laur. 1 (Evan. 1074) (xii–xiii) ff. 200 (12·2 × 9) col. 1 vell. Evv. (Jo. incomplete) κεφ. τιτ. amm. eus. tab.-(κεφ.-can.) harm. lect. Ep. ad Carp. This MS. is remarkable for the amount of lectionary matter which is incorporated into the text, e.g. Mt. vi. 14 εἶπεν ὁ Κύριος· ἐὰν ἀφῆτε κ.τ.λ. Mt. xxvi. 39 *add.* ὤφθη δὲ ἄγγελος κ.τ.λ. [We could find no other 'Ferrar' readings.] Text otherwise ordinary. *om.* Mt. xvi. 2. 3.

50. Laur. 2 (Evan. 1439) (xi) ff. 328 (14·6 × 10) col. 1 vell. Evv. κεφ. τιτ. tab.-κεφ. amm. pict. lect. syn. *adult. om.* Text ordinary.

51. Laur. 3 (Evan. 1440) (xiii) ff. 206 (15 × 11) col. 1 vell. Evv. κεφ. τιτ. amm. eus. tab.-κεφ. lect. syn. Perhaps S. Italian. Text ordinary.

52. Laur. 4 (Evan. 1421) (xiii and a few quaternions from an

earlier MS. ? xi) ff. 210 (14 × 11) col. 1 vell. Evv. κεφ. eus. amm. tab.-(κεφ.-can.) subs. στιχ. (Mt. only $\overline{\beta\chi}$ in an early quaternion) lect. pict. Ep. ad Carp. Text ordinary.

53. Laur. 5 (Evan. 1442) (xiii) ff. 301 (13·5 × 10·8) col. 1. Evv. κεφ. τιτ. amm. tab.-κεφ. subs. lect. syn. Text ordinary.

54. Laur. 6 (Evan. 1443) (a. 1047) ff. 308 (14 × 9·8) col. 1 vell. Evv. κεφ. τιτ. eus. amm. tab.-(κεφ.-can.) subs. vers. lect. syn. men. Ep. ad Carp. Text ordinary, but Mt. xvi. 2, 3 and *adult.* are marked with ÷.

55. Laur. 7 (Evan. 1444) (x) ff. 345 col. 1. Evv. τιτ. amm. eus. tab.-κεφ. prol. (Κόσμα 'Ινδ.) pict. men. Mt. xvi. 2. 3 with √ Mc. xv. 28 *om.* Jo. vii. 52 οὐκ ἐγείρεται, but margin rf οὐκ ἐγήγερται. Text otherwise ordinary.

56. Laur. 8 (Evan. 1445) (a. 1323) ff. 278 (16·8 × 13·5) col. 1 vell. Evv. κεφ. tab.-κεφ. amm. subs. στιχ. ($\overline{\beta\chi}$, $\overline{\alpha\chi}$, $\overline{\beta\omega}$, $\overline{\beta\tau}$) lect. pict. syn. men. *adult.* obelized. Text ordinary.

57. Laur. 9 (Evan. 1446) (xii) ff. 187 (17 × 11·8) col. 1 vell. Evv. κεφ. τιτ. amm. pict. Text ordinary.

58. Laur. 10 (Evan. 1447) (a. 1337) ff. 230 (16·8 × 12) col. 1 vell. Evv. κεφ. τιτ. tab.-can. amm. prol. subs. lect. syn. Reckonings of κύκλοι ἡλίου. Text ordinary.

59. Laur. 11 (? Evan. 1077) (x) ff. 263 (17·5 × 12·2) col. 1 vell. Evv. κεφ. τιτ. eus. amm. prol. pict. lect. (syn. men. by a later hand). Lc. xxii. 42 with ※. Lc. xxi. 4 *add.* in mg. ταῦτα λέγων ἐφώνει ὁ ἔχων ὦτα κ.τ.λ. Jo. viii. 13 *om.* Jo. viii. 14 *om.* ὑμεῖς ... ὑπάγω. *adult.* obelized. [So our notes, but Dr. Gregory says *deest*. It is this which makes me doubt whether this is really Evan. 1077.] Text ordinary.

60. Laur. 12 (Evan. 1076) (xi) ff. 280 (16·1 × 11·9) col. 1 vell. Evv. κεφ. τιτ. tab.-κεφ. amm. subs. (but placed before each Gospel) lect. (m. s.) pict. syn. Mc. iii. 25 *om.* but *ins.* m. s. in mg. Lc. iv. 6 *om.* ὅτι ἐμοὶ παραδέδοται but *ins.* m. s. in mg. *adult. om.* but *ins.* at the end of the Gospel with the note:—εὔρηται καὶ ἕτερα ἐν ἀρχαίοις ἀντιγράφοις ἅπερ συνείδομεν γράψαι πρὸς τὸ τέλει τοῦ αὐτοῦ εὐαγγελίστου ἅ ἐστιν τάδε· καὶ ἀπῆλθεν ἕκαστος κ.τ.λ.

61. Laur. 13 (Evan. 1448) (xi) ff. 255 (16·5 × 12·6) col. 1 ll. 35 vell. Evv. act. paul. cath. pss. prol. tab.-(κεφ.-can. but κεφ. for Mt. missing) amm. eus. τιτ. κεφ. lect. subs. Mt. viii. 13 *add.* καὶ ὑποστρέψας κ.τ.λ. Mt. xviii. 11 *add.* ζητῆσαι καὶ. Lc. xxii. 47 *add.* τοῦτο γὰρ σημεῖον κ.τ.λ. Text otherwise ordinary.

62. Laur. 14 (Evan. 1449) (xi) ff. 319 (16·4 × 11·3) col. 1 vell.

Texts from Mount Athos.

Evv. κεφ. τιτ. tab.-can. eus. amm. αρχ. τελ. (not lect.) syn. men. Ep. ad Carp. *om*. Jo. iv. 3 *ins*. m. s. in mg. Mt. v. 44 *om*. εὐλογεῖτε τοὺς καταρωμένους ὑμᾶς. Mc. xv. 23 *om*. Jo. viii. 42 *om*. but *ins*. m. s. in mg.

63. Laur. 15 (Evan. **1080**) (ix–x) ff. 411 (19.4 × 13.2) col. 1 vell. Evv. with commentary (semi-uncial) in the margin in places. Evv. κεφ. τιτ. tab.-κεφ. eus. amm. prol. (Mt. ἑρμηνεύθη ὑπὸ Ἰωάννου) pict. Mt. ix. 13 *om*. εἰς μετάνοιαν. Mt. xvi. 2, 3 *om*. but *ins*. m. s. in mg. Mc. xv. 28 *om*. Lc. vii. 28 *om*. ὁ δὲ μικρότερος to end but *ins*. m. s. in mg. Lc. xxii. 43, 44 marked with ※. *adult*. *om*. Photograph in Bodl. MS. Gr. th. f. 8.

64. Laur. 16 (Evan. **1078**) (x–xi) ff. 192 (18.4 × 14.7) col. 1 vell. Evv. κεφ. tab.-can. amm. prol. subs. (at the beginning) στιχ. ($\overline{\beta\chi}$, $\overline{\alpha\chi}$, $\overline{\beta\omega}$, $\overline{\beta\tau}$) lect. Mt. v. 44 *om*. καὶ διωκόντων ὑμᾶς but *ins*. m. s. Mt. xvi. 2, 3 *om*. Mc. xv. 28 *om*. Lc. vi. 4 *om*. καὶ ἔλαβεν. Lc. vi. 10 *om*. ὑγιὴς but *ins*. m. p. Lc. xi. 4 ἀλλὰ ῥῦσαι ἡμᾶς ἀπὸ τοῦ πονηροῦ is obelized. *adult*. at the end of Jo. with the same note as in 60.

65. Laur. 17 (Evan. **1450**) (xi) ff. 273 (18.4 × 14) col. 1 vell. Evv. κεφ. τιτ. tab.-κεφ. amm. lect. pict. syn. Mt. v. 44 *om*. καὶ διωκόντων ὑμᾶς but *ins*. m. s. in mg. Mt. ix. 13 *om*. εἰς μετάνοιαν. Lc. xxi. 31 *om*. τὸ θέρος ... ἐγγύς ἐστιν.

66. Laur. 18 (Evan. **1451**) (xii–xiii) ff. 254 (18 × 13.4) col. 1. Evv. κεφ. τιτ. eus. amm. subs. Many pages missing and in bad condition.

67. Laur. 19 (Evan. **1452**) (a. 992 by Ἰωάννης) ff. 266 (18 × 14.4). Evv. κεφ. τιτ. tab.-(can.-κεφ.) amm. eus. prol. Ep. ad Carp. The ammonian sections are written in green ink and the canons in red. *adult*. obelized.

68. Laur. 20 (Evan. **1453**) (xiii) ff. 207 (17.1 × 13.6) col. 1 ll. 27. Evv. tab.-κεφ. (Mt. missing) ἀναγν. ($\overline{\rho\iota\varsigma}$, $\overline{\sigma\alpha}$, $\overline{\rho\iota\zeta}$, $\overline{\xi\beta}$) lect. subs. στιχ. ($\overline{\beta\chi}$, $\overline{\alpha\chi}$, $\overline{\beta\omega}$ —).

69. Laur. 21 (Evan. **1454**) (xii) ff. 256 (18.2 × 14.5) col. 1 ll. 21 vell. Evv. κεφ. τιτ. tab.-(can.-κεφ.) eus. amm. prol. subs. vers. pict. Ep. ad Carp. Mt. vii. 13 *om*. καὶ πολλοὶ ... δι᾽ αὐτῆς but *ins*. m. s. in mg.

70. Laur. 22 (Evan. **1455**) (xi–xii) ff. 283 (18.1 × 13.8) col. 1 ll. 22 vell. Evv. κεφ. τιτ. tab.-κεφ. eus. amm. lect. pict. syn. men. Ep. ad Carp.

71. Laur. 23 (Evan. **1079**) (x) ff. 271 (20.1 × 14.5) col. 1 ll. 24 vell. Evv. κεφ. τιτ. amm. eus. tab.-(κεφ.-can.) prol. pict. lect. men.

(imperfect) Ep. ad Carp. Mt. xxvii. 9 διὰ Ἡσαίου τοῦ προφ. Lc. xxii. 43 f. with ※. Jo. v. 4 with ※.

72. Laur. 24 (Evan. 1456) (xiii) ff. 227 (18·8 × 14·1) col. 1 ll. 33. Evv. act. paul. cath. κεφ. τιτ. amm. tab.-κεφ. prol. subs. lect.

73. Laur. 25 (Evan. 1457) (xii–xiii) ff. 254 (19·6 × 14·4) col. 1 ll. 25 vell. Evv. κεφ. τιτ. tab.-can. amm. pict. Mt. xviii. 11 ζητῆσαι καὶ σῶσαι. Lc. vi. 4 om. ἔλαβε καὶ. adult. om.

74. Laur. 26 (Evan. 1458) (x) ff. 323 (19 × 14·8) col. 1 ll. 20 vell. Evv. κεφ. τιτ. amm. eus. tab.-κεφ. Mc. xv. 28 om. but add. m. s. in mg. adult. om. but a new page containing it has been inserted.

75. Laur. 27 (Evan. 1459) (xiii) ff. 210 (19·5 × 13·8) col. 1 ll. 23 vell. Evv. κεφ. τιτ. amm. tab.-κεφ. Mt. xvi. 2, 3 om. adult. om.

76. Laur. 28 (Evan. 1460) (xii) ff. 263 (17·8 × 13·8) col. 1 ll. 21 vell. Evv. κεφ. τιτ. amm. eus. tab.-(κεφ.-can.) subs. στιχ. ($\overline{\beta\chi}$, $\overline{\alpha\chi}$, $\overline{\beta\omega}$, $\overline{\beta\tau}$) pict. Ep. ad Carp. om. Lc. ix. 55 but add. m. s. in mg. adult. marked with +.

77. Laur. 29 (Evan. 1461) (xiii) ff. 330 (20 × 14·5) col. 1 ll. 20 vell. Evv. κεφ. tab.-κεφ. prol. subs. vers. στιχ. ($\overline{\beta\chi}$, $\overline{\alpha\chi}$, $\overline{\beta\omega}$, $\overline{\beta\tau}$) lect. syn. men. ἀναγν. adult. marked with —.

78. Laur. 30 (Evl. 1073) vell.

79. Laur. 31 (Evan. 1462) (? date) ff. 265 (20·9 × 15) col. 1 ll. 20 vell. Evv. κεφ. subs. στιχ. ($\overline{\beta\chi}$, $\overline{\alpha\chi}$, $\overline{\beta\omega}$, $\overline{\beta\tau}$) tab.-κεφ. lect. syn. men. ἀναγν. adult. with —.

80. Laur. 32 (Evan. 1463) (xii) ff. 213 (19·7 × 13·8) col. 1 ll. 26 vell. Evv. κεφ. τιτ. tab.-κεφ. amm. subs. lect. pict. vers. adult. with —.

81. Laur. 33 (Evan. 1464) (xi–xii) ff. 292 (20·5 × 15·4) col. 1 ll. 20 vell. Evv. κεφ. τιτ. tab.-κεφ. amm. subs.

82. Laur. 34 (Evan. 1465) (xii) ff. 308 (20·9 × 14·7) col. 1 ll. 24 vell. Evv. κεφ. τιτ. tab.-(can.-κεφ.) amm. prol. subs. (Mt. only) στιχ. (Mt. only $\overline{\beta\chi}$) lect. syn. men. Mt. xvi. 2, 3 om.

83. Laur. 35 (Evan. 1466) (a. 1270) ff. 233 (20 × 12·7) col. 1 vell. Evv. κεφ. τιτ. amm. lect. pict. men. syn. Jo. vii. 8 om. ἐγὼ οὔπω ... ταύτην but ins. m. s. in mg.

84. Laur. 36 (Evan. 1467) (xii–xiii) ff. 343 (20·6 × 13) col. 1 ll. 23 vell. Evv. κεφ. τιτ. amm. eus. lect. syn. men. (imperfect). Mt. viii. 13 add. καὶ ὑποστρέψας κ.τ.λ. Mt. xxvi. 73 om. καὶ γὰρ ἡ λαλιά κ.τ.λ. but ins. m. s. in mg. adult. with —.

85. Laur. 37 (Evan. 1468) (xii–xiii) ff. 245 (20·6 × 14·9) col. 1 ll. 24 vell. Evv. κεφ. τιτ. amm. eus. prol. vers. tab.-(κεφ.-can.) syn.

men. Ep. ad Carp. At the end some notes on exegetical difficulties, e. g. σχόλια εἰς τὸ ἡ ὥρα ἦν ὡσεὶ ϛ̄.

86. Laur. 38 (Evan. **1469**) (xiii) ff. 172 (20 × 15·4) col. 1 vell. Evv. (imperfect) κεφ. τιτ. prol. lect. syn. (imperfect).

87. Laur. 39 (Evan. **1470**) (x) ff. 215 (20·6 × 14·7) col. 1 ll. 22 vell. Evv. κεφ. τιτ. amm. tab.-(κεφ.-can.) subs. lect. Ep. ad Carp. Mc. xv. 28 *om.* but *ins.* m. s. in mg. Lc. vi. 4 *om.* καὶ ἔδωκεν καὶ τ. μ. α. but *ins.* m. s. in mg. Jo. viii. 14 *om.* ὑμεῖς οὐκ οἴδατε κ.τ.λ. but *ins.* m. s. in mg. Jo. viii. 24 *om.* ἐὰν γὰρ μὴ κ.τ.λ. but *ins.* m. s. in mg. *adult. om.*

88. Laur. 40 (Evan. **1471**) (xi) ff. 396 (19·8 × 14) col. 1 ll. 18 vell. Evv. κεφ. τιτ. tab.-κεφ. amm. eus. subs. (not Mt.) στιχ. ($\overline{βχ}$, $\overline{αχ}$, $\overline{βω}$, $\overline{βτ}$) lect. syn. men. *adult.* c. —.

89. Laur. 41 (Evan. **1472**) (xii) ff. 306 (19·2 × 14·5) col. 1 ll. 21 vell. Evv. κεφ. τιτ. amm. prol. tab.-(κεφ.-can.) lect. syn. Ep. ad Carp. Mt. viii. 13 *add.* καὶ ὑποστρέψας κ.τ.λ. Mt. xix. 9 *om.* καὶ ὁ ἀπολελ. κ.τ.λ. but *ins.* in m. s. in mg. Mt. xxi. 7 *om.* καὶ ἐπεκάθ. κ.τ.λ. but *add.* m. s. in mg.

90. Laur. 42 (Evan. **1473**) (xi) ff. 227 (21·3 × 16·5) col. 1 ll. 26 vell. Evv. κεφ. τιτ. amm. eus. tab.-(κεφ.-can.) prol. Ep. ad Carp. Mt. xxviii. 9 *om.* ὡς δὲ ἐπορεύοντο . . . αὐτοῦ but *add.* m. s. in mg. *adult. om.*

91. Laur. 43 (Evl. **1074**) vell.

92. Laur. 44 (Evan. **1474**) (xii) ff. 416 (22·8 × 16·6) col. 1 ll. 19 vell. Evv. κεφ. τιτ. amm. eus. tab.-κεφ. lect. syn. men. Mt. viii. 13 *add.* καὶ ὑποστρέψας κ.τ.λ.

93. Laur. 45 (Evan. **1475**) (xii) ff. 279 (22·5 × 16) col. 1 ll. 20 vell. Evv. κεφ. τιτ. amm. tab.-(κεφ.-can.) subs. στιχ. ($\overline{βχ}$, $\overline{αχ}$, $\overline{βω}$, $\overline{βτ}$) lect. pict. syn. Mt. viii. 13 *add.* καὶ ὑποστρέψας κ.τ.λ. but this is now marked with dots. Jo. iii. 31 *om.* ὁ ὢν . . . ἐπάνω πάντων ἐστὶ καὶ but *add.* m. s. in mg.

94. Laur. 46 (Evan. **1476**) (xii–xiii) ff. 348 (21·2 × 15·8) col. 1 ll. 21 vell. Evv. tab.-κεφ. prol. eus. κεφ. τιτ. subs. pict. syn. men. lect. ἀναγν.

95. Laur. 47 (Evan. **1477**) (xiii) ff. 286 (21·9 × 16) col. 1 ll. 22. Evv. tab.-κεφ. prol. vers. κεφ. τιτ. subs. στιχ. ($\overline{βχ}$, $\overline{αχ}$, —, $\overline{βτ}$) syn. men. lect. ἀναγν.

96. Laur. 48 (Evan. **1478**) (x) ff. 217+13 (21·5 × 18·2) col. 1 ll. 24 vell. (but the 13 added leaves are paper). Evv. tab.-(κεφ.-can.) prol. Ep. ad Carp. amm. eus. κεφ. τιτ. subs. (at the beginning). Lc. vi. 4 *om.* καὶ ἔλαβε καὶ. Lc. xx. 11 *om.* ἕτερον . . . πέμψαι but

add. m. s. in mg. Jo. v. 9 om. καὶ εὐθέως ... περιεπάτει but ins. m. s. in mg. Jo. v. 12 om. verse but add. m. s. in mg. Jo. vii. 8 originally written ὑμεῖς ἀνάβητε εἰς τὴν ἑορτὴν ταύτην ὅτι ὁ ἐμὸς καιρὸς κ.τ.λ. but ταύτην has been erased and a later hand has written over it ἐγὼ οὐκ ἀναβαίνω. Jo. viii. 7 om. vers. but add. in mg.; and so also small omissions are made and corrected in Jo. x. 6, x. 12, x. 18, x. 32, xiii. 32, xiii. 33. We spent some time over this MS., but at last came to the conclusion that although there were more than the usual number of variants, it was not of great value, but had merely been written somewhat carelessly.

97. Laur. 49 (Evan. **1479**) (xi) ff. 266 (21·5 × 16·3) col. 1 vell. Evv. κεφ. τιτ. amm. eus. tab.-κεφ. prol. subs. vers. lect. syn. men. tab.-κυκλ. ἡλ. at the end and tab.-κυκλ. σελην. at the beginning.

98. Laur. 50 (Evan. **1480**) (xiii) ff. 243 (21·5 × 15·3) col. 1 ll. 26 vell. Evv. tab.-κεφ. κεφ. ἀναγν. lect. syn. men. *adult.* obelized.

99. Laur. 51 (Evan. **1073**) (x) ff. 334 (22 × 17·4) col. 1. Evv. act. extracts from Fathers, an uncial leave at the beginning contains a lection beginning Mt. xxiv. 37, amm. lect. syn. men. Mt. ix. 13 *om.* εἰς μετάνοιαν. Mt. xvi. 2–3 *om.* but *ins.* m. s. in mg. Mc. xv. 28 *om.* Lc. 1. 17 *om.* but *ins.* m. s. in mg. Lc. xxii. 44 marked ✠ and with a lectionary note κατὰ ματθ. κεφ. π̄ο̄ε̄, i.e. Mt. xxvi. 40. *adult. om.* but vii. 53 is inserted by a later hand. The extracts from the Fathers are (1) Chrysostom εἰς τὴν πρόδοσιν τοῦ Ἰούδα καὶ τὴν παράδοσιν τῶν μυστηρίων : (2) εἰς τὸν σταυρόν, κ.τ.λ. apparently anonymous: (3) Gregory Nanz. on the Passover, and εἰς τὴν βραδυτῆτα : (4) εἰς τὴν καινὴν κυριακήν : (5) νουθεσία γερόντων πνευματικῶν κατὰ μοναχῶν.

100. Laur. 52 (Evan. **1481**) (xi) ff. 222 (21 × 16·3) col. 1 ll. 22 vell. Evv. Ep. ad Carp. tab.-κεφ. vers. κεφ. τιτ. pict.

101. Laur. 53 (Evl. **1075**) vell.

102. Laur. 54 (Evan. **1482**) (xiii) ff. 395 (22·5 × 15·7) col. 1 ll. 25 vell. Evv. act. cath. paul. tab.-κεφ. prol. κεφ. subs. lect. pict. syn. men. ἀναγν. στιχ. ($\overline{\beta\chi}$, $\overline{\alpha\chi}$, $\overline{\beta\omega}$, $\overline{\beta\tau}$). *adult.* obelized. Lc. xxii. 47 *add.* τοῦτο γὰρ κ.τ.λ.

103. Laur. 55 (Evl. **1076**) vell. Uncial.
104. Laur. 56 (Evl. **1077**) vell. Uncial.

105. Laur. 57 (Evan. **1483**) (xi) ff. 272 (24·4 × 19) col. 1 ll. 20. Evv. Ep. ad Carp. tab.-(can.-κεφ.) prol. vers. eus. amm. τιτ. κεφ. lect. Mt. xvi. 14 *om.* ἕτεροι δὲ Ἱερεμίαν but *add.* m. s. in mg. Mt. xxiii. 8 διδάσκαλος ὁ Χριστός and *tr.* πάντες ... ἐστε to v. 9.

Texts from Mount Athos.

106. Laur. 58 (Acts **1525**) (a. 1118) ff. 142 (23·4 × 17·3) col. 2 act. cath. paul. Euthal. martyr.-Paul. στιχ. Text ordinary.

107. Laur. 59 (Evan. **1484**) (xii) ff. 299 (22·6 × 16·5) col. 1 ll. 20 vell. Evv. tab.-κεφ. amm. κεφ. τιτ. The name of the scribe seems to have been Μάξιμος, as this name is written by the first hand at the end of the MS. Mt. xix. 9 *om.* καὶ ὁ ἀπολελ. ... μοιχᾶται. Mt. xix. 18 *om.* οὐ μοιχεύσεις. Mc. iii. 1 *om.* πάλιν. Mc. iii. 5 *om.* ὑγιὴς ὡς ἡ ἄλλη. Mc. vi. 17 *om.* Φιλίππου. Mc. vi. 24 *om.* vers. Mc. vii. 8 *om.* ἀφέντες ... ἀνθρώπων. Mc. x. 19 *om.* μὴ ἀποστερήσῃς. Mc. x. 27 *om.* πάντα ... θεῷ. Mc. xi. 7, 8 *om.* ἐπ' αὐτῷ ... ὁδόν. Mc. xv. 28 erased. Lc. vi. 4 ἔφαγε erased. Lc. xx. 16 *om.* τοὺς γεωργούς. Lc. xx. 24 after δηνάριον a line is erased. Lc. xxii. 44 καὶ ... προσηύχετο is erased, xxii. 47 *om.* καὶ ἤγγισε ... αὐτόν. But all these omissions are corrected by a later hand, who also added to Lc. xxii. 48 τοῦτο τὸ σημ. κ.τ.λ. ... ἐστε to the end of v. 9, but a later hand has written the ordinary text in the margin.

108. Laur. 60 (Evan. **1485**) (xi–xii) ff. 228 (23·6 × 18·6) col. 1 ll. 21 vell. Evv. amm. eus. κεφ. τιτ. pict. Mc. xv. 28 *om.* Lc. xiv. 8 *om.* ὑπό ... κατακλ. but *add.* m. s. Lc. xxii. 47 *add.* τοῦτο γὰρ σημ. κ.τ.λ.

109. Laur. 61 (Evan. **1486**) (a. 1098) ff. 233 (24·3 × 19) col. 1 vell. Evv. κεφ. τιτ. tab.-can. amm. eus. men. syn. Ep. ad Carp. *adult.* obelized.

110. Laur. 62 (Evan. **1487**) (xii) ff. 275 (23·7 × 16·5) col. 1 ll. 22 vell. Evv. tab.-κεφ. prol. κεφ. lect. subs. (Jo. missing) στιχ. ($\overline{\beta\chi}$, $\overline{α\chi}$, —, —) syn. men. ἀναγν. *adult.* marked —. Lc. xxii. 47 *add.* τοῦτο γὰρ κ.τ.λ.

111. Laur. 63 (Evan. **1488**) (xii) ff. 271 (24·2 × 18·1) col. 1 ll. 22 vell. Evv. tab.-κεφ. prol. vers. κεφ. lect. ἀναγν. subs. στιχ. ($\overline{\beta\chi}$, $\overline{α\chi}$, $\beta\omega$, $\beta\tau$) syn. men. *adult.* marked with signs of doubtfulness. Lc. xxii. 47 *add.* τοῦτο ... αὐτός ἐστιν.

112. Laur. 64 (Evan. **1489**) (xii) ff. 289 (22·7 × 16·1) col. 1 ll. 24 vell. Evv. tab.-κεφ. prol. κεφ. lect. subs. syn. men. ἀναγν. *adult.* marked as doubtful. Lc. xxii. 47 *add.* τοῦτο ... οὗτός ἐστιν.

113. Laur. 65 (Evan. **1490**) (xii) ff. 309 (23 × 16·8) col. 1 vell. Evv. act. paul. cath. κεφ. τιτ. amm. eus. tab.-(κεφ.-can.) prol. vers. lect. syn. men. Ep. ad Carp.

114. Laur. 66 (Evan. **1491**) (xii–xiii) ff. 195 (22·9 × 16·5) col. 1

ll. 26 vell. Evv. tab.-κεφ. amm. τιτ. κεφ. subs. pict. Mc. xv. 28 om.

115. Laur. 67 (Evan. 1492) (a. 1342) ff. 343 (23·5 × 14·7) col. 1 ll. 21 vell. Evv. prol. vers. tab.-κεφ. τιτ. κεφ. subs. στιχ. ($\overline{\beta\chi}$, $\overline{a\chi}$, $\overline{\beta\omega}$, $\overline{\beta\tau}$). adult. obelized. Lc. xxii. 47 add. τοῦτο γὰρ ... αὐτός ἐστιν.

116. Laur. 68 (Evan. 1493) (xiv) ff. 182 (25·4 × 17·2) col. 1 ll. 25 vell. Evv. tab.-κεφ. κεφ. lect. subs. ἀναγν. pict. στιχ. ($\overline{\beta\chi}$, $\overline{a\chi}$, $\overline{\beta\omega}$, $\overline{\beta\tau}$). adult. obelized. Lc. xxii. 47 add. τοῦτο γὰρ ... αὐτός ἐστιν.

117. Laur. 69 (Evan. 1494) (xii) ff. 267 (25·1 × 17·1) col. 1 ll. 28 vell. Evv. tab.-κεφ. prol. vers. τιτ. κεφ. lect. subs. στιχ. ($\overline{\beta\chi}$, $\overline{a\chi}$, $\overline{\beta\omega}$, $\overline{\beta\tau}$) ἀναγν. Mt. viii. 13 add. καὶ ὑποστρέψας κ.τ.λ. Lc. xxii. 47 add. τοῦτο γὰρ ... αὐτός ἐστιν. adult. obelized.

118. Laur. 70 (Apl. 1118) vell.

119. Laur. 71 (Evl. 1078) vell.

120. Laur. 72 (Evl. 1079) vell

121. Laur. 73 (Evan. 1495) (xii–xiii) ff. 263 (24·6 × 18·6) col. 1 ll. 29 vell. Paul. (imperfect) cath. evv. tab.-κεφ. prol. lect. subs. amm. (erased) ἀναγν. syn. men.

122. Laur. 74 (Evan. 1496) (xiv) ff. 284 (24·5 × 18) col. 1 ll. 22 vell. Evv. prol. tab.-κεφ. κεφ. lect. subs. στιχ. ($\overline{\beta\chi}$, —, —, —) ἀναγν. syn. men. adult. marked as doubtful. Lc. xxii. 47 add. τοῦτο ... αὐτός ἐστιν.

123. Laur. 75 (Evan. 1497) (xiii) ff. 345 (24·7 × 18·3) col. 1 ll. 21 vell. Evv. prol. tab.-κεφ. amm. τιτ. κεφ. lect. subs. syn. men. Lc. vi. 4 om. καὶ ἔλαβε. Lc. xxii. 47 add. τοῦτο ... αὐτός ἐστιν.

124. Laur. 76 (Evan. 1498) (xii–xiii) ff. 217 (25·3 × 16·3) col. 1 vell. Evv. κεφ. τιτ. amm. tab.-κεφ. lect. prol. pict. syn. men.

125. Laur. 77 (Evan. 1499) (xii–xiii) ff. 230 (24·5 × 17·2) col. 1 ll. 28 vell. Evv. tab.-κεφ. lect. ἀναγν. subs. syn. men. Lc. xxii. 47 add. τοῦτο γὰρ ... αὐτός ἐστιν.

126. Laur. 78 (Evan. 1500) (ix) ff. 156 (21·7 × 18·3) col. 1 ll. 17 vell. in poor condition. Mt. iv. 13–Mc. xv. 16. harm. at the bottom of the pages. amm. eus. τιτ. κεφ. lect. mus. Some marginal notes written in an uncial hand. Mt. ix. 13 om. εἰς μετάνοιαν but add. m. s. in mg. Mt. xvi. 3 om. ὑποκριταί but add. m. s. in mg. The same also adds in the next line καὶ τῆς γῆς after οὐρανοῦ. Mt. xvi. 11 περὶ ἄρτων. Mt. xviii. 11 ζητῆσαι καὶ is added above the line. Mc. i. 1 καθὼς. Mc. xiv. 12 om. τῶν ἀζύμων ... ἔθυον but add. m. s. in mg.

127. Laur. 79 (Evan. **1501**) (xiii–xiv) ff. 201 (22·9 × 17·5) col. 1 ll. 33 vell. in poor condition. Act. paul. cath. evv. euthal. tab.-κεφ. harm. ἀναγν. κεφ. lect. subs. vers. (Mt. missing) στιχ. (—, $\overline{\alpha\chi}$, $\overline{\beta\omega}$, —) syn. men. Lc. xxii. 47 *add.* τοῦτο γὰρ ... αὐτός ἐστιν.

128. Laur. 80 (Evl. **1080**) vell.
129. Laur. 81 (Evl. **1081**) vell.
130. Laur. 82 (Evl. **1082**) vell.   Uncial.
131. Laur. 83 (Evl. **1083**) vell.
132. Laur. 84 (Evl. **1084**) vell.
133. Laur. 85 (Evl. **1085**) vell.
134. Laur. 86 (Evl. **1086**) vell.   Uncial.
135. Laur. 87 (Evan. **1502**) (xii–xiii) ff. 409 (26·8 × 17·5) col. 1 ll. 17 vell. Evv. Ep. ad Carp. prol. tab.-(κεφ.-can.) amm. τιτ. κεφ. lect. syn. men. Mt. v. 44 *om.* καὶ διωκόντων ὑμᾶς. Mt. xvi. 2–3 *om.* but *add.* m. s. in mg. Mt. xvi. 4 *om.* τοῦ προφήτου but *add.* m. s. in mg. Mt. xviii. 11 *om.* Mt. xxiii. 13, 14, these verses are transposed, and μακρά is omitted. Mc. i. 27 *om.* τί ἐστι τοῦτο; Lc. xxii. 47 *add.* τοῦτο ... αὐτός ἐστιν.

136. Laur. 88 (Evl. **1087**) vell.
137. Laur. 89 (Evl. **1088**) vell.
138. Laur. 90 (? Evl. **1098**) vell.
139. Laur. 91 (Evl. **1090**) vell.
140. Laur. 92 (Evl. **1091**) vell.   Uncial.
141. Laur. 93 (Evl. **1092**) vell.
142. Laur. 94 (Evl. **1093**) vell.
143. Laur. 95 (Evl. **1094**) vell.
144. Laur. 96 (Evl. **1095**) vell.
145. Laur. 97 (Evl. **1096**) vell.   Uncial.
146. Laur. 98 (Evl. **1097**) vell.
147. Laur. 99 (Evan. **1503**) (a. 1388) ff. 261 (29·3 × 22·2) col. 2 ll. 33 vell. Evv. act. cath. paul. apoc. prol. vers. tab.-κεφ. κεφ. lect. subs. στιχ. ($\overline{\beta\chi}$, $\overline{\alpha\chi}$, $\overline{\beta\omega}$, $\overline{\beta\tau}$) ἀναγν. syn. men. *adult.* obelized. Lc. xxii. 47 *add.* τοῦτο ... αὐτός ἐστιν.

148. Laur. 100 (Evl. **1098**) vell.
149. Laur. 101 (Evl. **1099**) vell.
150. Laur. 102 (Evl. **1100**) vell.   Uncial.
151. Laur. 103 (Evl. **1101**) vell.
152. Laur. 104 (Evan. **1071**) v. pp. 132–51.
153. Laur. 105 (Evl. **1102**) vell.
154. Laur. 106 (Evl. **1103**) vell.
155. Laur. 107 (Evl. **1104**) vell.

156. Laur. 108 (Evl. **1105**) vell. Uncial.

157. Laur. 109 (Evan. **1504**) (xiii) ff. 93 (29 × 20·8) col. 2 ll. 29 vell. in poor condition, Lc. iv. 1–Jo. tab.-κεφ. amm. κεφ. τιτ. lect. syn. men. Lc. xxii. 47 *add.* τοῦτο ... αὐτός ἐστιν.

158. Laur. 110 (Evl. **1106**) vell.
159. Laur. 111 (Evl. **1107**) vell.
160. Laur. 112 (Evl. **1108**) vell.
161. Laur. 113 (Evl. **1109**) vell.
162. Laur. 114 (Evl. **1110**) vell.
163. Laur. 115 (Evl. **1111**) vell.
164. Laur. 116 (Evl. **1112**) vell.
165. Laur. 117 (Evl. **1113**) vell.
166. Laur. 118 (Evl. **1114**) vell.
167. Laur. 119 (Evl. **1115**) vell.
168. Laur. 120 (Evl. **1116**) vell.

169. Laur. 146[1] (Evan. **1505**) (a. 1084) ff. 268 (16·5 × 12) col. 1 ll. 41 vell. Evv. act. cath. paul. pss. Ep. ad Carp. tab.-(κεφ.-can.) vers. amm. κεφ. τιτ. lect. pict. Lc. xxii. 47 *add.* τοῦτο ... αὐτός ἐστιν.

170. Laur. 172 (Evan. **Ψ**) v. pp. 94–131.

171. Laur. 173 (Evan. **1509**) (xii–xiii) ff. 332 (21·4 × 14) col. 1 ll. 31 vell. Evv. act. paul cath. prol. ἀναγν. lect. subs. (Mc. only) στιχ. (—, ,αχ, —, —) syn. Lc. xxii. 47 *add.* τοῦτο ... αὐτός ἐστιν.

172. Laur. 209 (Evan. **1506**) (xiv) vell. A fragment of text with Theophylact's commentary, almost illegible in most parts. In the list of Apostles it reads Ζεβεδαῖος instead of Θαδδαῖος.

173. Laur. 233 (Evan. **1507**) vell. A catena with text at least in places, includes quotations from Origen, Chrysostom, Eusebius, Theodore Mops., Cyril Alex., Titus Bost.

174. Laur. 270 (Evv. **1508**) (? date) ff. 448 (21·7 × 14·4) col. 1 ll. 27 paper. Evv. act. cath. paul. tab.-κεφ. κεφ. ἀναγν. prol. vers. lect. subs. στιχ. syn. men. Lc. xxii. 47 *add.* τοῦτο ... αὐτός ἐστιν. *adult.* obelized.

175. Laur. 288 (Evan. **1510**) (xi) ff. 211 (20·8 × 16·3) col. 2 ll. 28 vell. in poor condition. Evv. κεφ. τιτ. tab.-κεφ. amm. eus. lect. syn. (on paper). Mc. xv. 28 *om.*

---

[1] There is a double numeration in use at the Laura, (1) a continuous system, which is used in the catalogue; (2) ly shelves, each being numbe ed with a letter. These numerations can be interchanged, and either is sufficient in asking for MSS., but it may be well to remember that 1–120 = 1 A–120 A, 121–240 = 1 B–120 B, and so on, the number of MSS. in a row of shelves varying, but approximating to 120.

Texts from Mount Athos.

176. Laur. 289 (Evan. **1511**) (xiii) ff. 138 (22·2 × 17) col. 1 ll. 28 vell. in poor condition. Evv. tab.-κεφ. amm. τιτ. κεφ. lect. στιχ. ($\overline{,αχ}$, —, $\overline{βχξ}$, —). Lc. xxii. 47 *add.* τοῦτο . . . αὐτός ἐστιν.

177. Laur. 290 (Evan. **1512**) (xiv) vell. A fragment of Gospels in very bad condition.

178. Laur. 293 (Evan. **1513**) (xi–xii) ff. 169 (21·7 × 16·5) col. 1 ll. 23 vell. Mt. xvi. 15–Jo. xix. 4 tab.-κεφ. amm. eus. κεφ. τιτ. lect. Lc. xxii. 47 *add.* τοῦτο . . . αὐτός ἐστιν.

179. Laur. 294 (Evan. **1514**) (xi) ff. 261 (22 × 17·6) col. 1 ll. 20 vell. Evv. tab.-κεφ. amm. eus. τιτ. κεφ. lect. subs. στιχ. ($\overline{,βχ}$, $\overline{,αχ}$, $\overline{,βω}$, $\overline{,βτ}$). Lc. xxii. 43, 44 marked as doubtful. Lc. xxii. 47 *add.* τοῦτο . . . αὐτός ἐστιν. Jo. v. 3, 4 marked with ※. *adult.* marked with ÷.

180. Laur. 295 (Evan. **1515**) (xiii) ff. 164 (22·5 × 17·5) col. 2 ll. 26–7 vell. Evv. amm. τιτ. lect. syn. men. *adult. om.* but *add.* m. s. in mg.

181. Laur. 296 (Evan. **1516**) (xiv) vell. Theophylact with text of Gospels in places.

182. Laur. 298 (Evan. **1517**) (? date) ff. 265 (21·6 × 15·7) col. 1 ll. 20 vell. Mt. vii. 13–Jo. xiii. 13 tab.-κεφ. τιτ. κεφ. subs. στιχ. *adult.* marked as doubtful. Lc. xxii. 47 *add.* τοῦτο . . . αὐτός ἐστιν in mg.

183. Laur. 320 (Evan. **1518**) (xi) ff. 410 col. 2 ll. 29–31 vell. Evv. act. cath. paul. apoc. prol. tab.-κεφ. harm. lect. subs. ἀναγν. στιχ. syn. men. *adult.* marked as doubtful. Lc. xxii. 47 *add.* τοῦτο . . . αὐτός ἐστιν. We thought that this might be Evan. 1072.

184. Laur. 340 (Evan. **1519**) (xiii–xiv in our opinion, but Father Chrysostom thought it was earlier) ff. 179 (25·5 × 19) col. 2 ll. 26 vell. Evv. tab.-κεφ. amm. eus. τιτ. κεφ. lect. syn. men. musical notes. Lc. xxii. 44 marked with ※.

185. Laur. 341 (Evan. **1520**) (xi) ff. 80 (23·7 × 18·5) col. 1 ll. 22 vell. Lc. vi. 7–Jo. tab.-κεφ. amm. τιτ. κεφ. subs. στιχ. *adult. om.*

186. Laur. 350 (Evl. **1117**) vell.

187. Laur. 359. Commentary of Chrysostom. vell.

www.ingramcontent.com/pod-product-compliance
Lightning Source LLC
Chambersburg PA
CBHW032006220426
43664CB00005B/161